Inhaltsverzeichnis

Vorwort

Liebe Erzieher*innen,

in dieser Projektmappe steht das Thema „Gefühle“ im Mittelpunkt. Die Kinder sollen lernen, ihre Gefühle bewusst wahrzunehmen und dadurch ihre emotionale Handlungsfähigkeit zu erweitern.
Während kleine Kinder (erstes Lebensjahr) bereits auf Gefühle anderer (insbesondere der Mutter) reagieren, so beginnen sie im zweiten Lebensjahr schon zu begreifen, dass bestimmte Situationen und Handlungen Emotionen bei anderen auslösen können. Besonders im Fantasiespiel der Kinder beobachten wir das wachsende Verständnis für verschiedene Gefühlslagen. Die grundlegenden Emotionen wie Freude, Wut, Angst und Traurigkeit werden in das Fantasiespiel mit eingebracht und in den Rollen ausgelebt.

In diesem Projekt lernen die Kinder, dass ihre Gefühle bemerkt und ernst genommen werden, ohne dass sie bewertet werden. Sie erleben, dass auch andere Menschen Gefühle haben und dass diese evtl. dasselbe Ereignis mit unterschiedlichen Gefühlen wahrnehmen. Wenn einer beispielsweise wütend darüber ist, dass die Freundin mit jemand anderem spielt, so reagiert ein anderer vielleicht traurig auf dieselbe Situation. Wenn sich jemand darauf freut, gleich auf ein hohes Klettergerüst klettern zu dürfen, so ist jemand anderes vielleicht ängstlich. Je offener der/die Erzieher*in mit den unterschiedlichen Gefühlen umgeht – dazu gehört auch, dass diese keinesfalls bewertet werden – desto aufgeschlossener können auch die Kinder nachher mit ihren eigenen Gefühlen umgehen und sich besser in die Gefühlswelt anderer Menschen hineinversetzen.
Gefühle leben heißt u. a., sich mit den eigenen Emotionen auseinanderzusetzen, Gefühle erleben und ausleben zu dürfen, Emotionen anderer wahrnehmen und sich in sie hineinversetzen zu können.

In dieser Projektmappe finden Sie zahlreiche praktische Anregungen, wie Sie Ihren Kindern das Thema „Gefühle“ auf eine ganzheitliche Art und Weise näherbringen können.
Unter Berücksichtigung der einzelnen Bildungspläne werden alle Bildungs- und Erziehungsbereiche angesprochen. Dabei sind jedem Bildungsbereich mehrere Aktivitäten zugeordnet. Einige Aufgaben, zum Beispiel im Bereich „Sprachliche Bildung“, sprechen oft verschiedene Bereiche gleichzeitig an und wurden hier gemäß ihrem Schwerpunkt zugeordnet.
Jedes Angebot umfasst eine Materialliste, eine Spielanleitung und ggf. Kopiervorlagen. Sämtliche Aktivitäten richten sich in erster Linie an Kindergartenkinder im Alter von 3–6 Jahren. Unter Berücksichtigung der zunehmenden Aufnahme von unter 3-Jährigen in Kindertageseinrichtungen sind viele Angebote so ausgerichtet, dass sie auch mit diesen Kindern durchführbar sind. Einen Hinweis dazu finden Sie auf den jeweiligen Seiten – siehe hierzu auch die Symbole auf der nächsten Seite.

Ich wünsche Ihnen und Ihren Kindern eine schöne Zeit mit diesem Projekt!

Jenny Hütter

Rückmeldung:
Gern lese ich Ihre Meinung zu der Projektmappe **„Meine Gefühle – deine Gefühle“:**
jenny-huetter@web.de

Hinweis:
Aus Gründen der besseren Lesbarkeit wird im Folgenden auf eine sprachliche Differenzierung der Geschlechterbezeichnungen verzichtet. Da die Erzieher*innen in Kindertagesstätten zumeist weiblich sind, haben wir uns hier für die weibliche Form entschieden. Selbstverständlich sind stets alle Geschlechter angesprochen.

Vorbemerkungen und Arbeitshinweise

Zu den verwendeten Symbolen

Bildungsbereiche (jeweils das äußerste Symbol oben rechts auf den Arbeitsblättern):

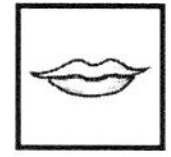 Sprachliche Bildung

 Musikalische Bildung

 Ästhetische Erziehung

 Umwelt-, Sach- und Naturbegegnung

 Gesundheit und Ernährung

 Mathematische Bildung

 Feste und Feiern

 Wahrnehmung und Entspannung

 Körpererfahrung und Bewegung

 Sozialerfahrungen

Sonstige Symbole:

 geeignet für die Begabtenförderung

 für unter 3-Jährige geeignet

Layout:

- Die Seiten mit den **Gesichtern** im Layout unten rechts sind für den/die Erzieher*in gedacht.
- Die Seiten mit den **Smileys** unten rechts sind Arbeitsblätter, die direkt mit den Kindern bearbeitet werden können.

Das Thema „Wut“:
Mit unseren Gefühlen angemessen umzugehen, ist ein Prozess, an dem die meisten von uns ein Leben lang, mal mehr, mal weniger, arbeiten. Dabei ist die Wut wahrscheinlich das Gefühl, das uns am meisten zu schaffen macht. Vor allem Kinder, die gerade erst ihre Gefühle einschätzen lernen, haben oft Schwierigkeiten, mit ihrer Wut umzugehen. Ihnen geht es mit ihrer Wut nicht gut, zudem stoßen sie bei anderen Menschen damit oft auf Ablehnung. Die anderen haben ein Problem mit diesem Gefühl, weil sich die Wut entweder gegen sie richtet oder weil sie nicht wissen, wie sie am besten reagieren sollen. Um mit unserer Wut angemessen umzugehen, müssen wir lernen, wie wir sie steuern können, ohne andere dabei zu verletzen.

Diese Bastelarbeiten oder Aktionen können für solche Situationen hilfreich sein:
- Knautschgesichter, S. 15
- Der Frustkorb, S. 19

Folgende Spiele oder Aktionen können im Anschluss an eine solche Situation sinnvoll sein, um diese noch einmal mit den betroffenen Kindern aufzuarbeiten:
- Wann bist du traurig?, S. 5
- Sprachspiel mit dem Mimikwürfel, S. 7
- Gefühlsuhr, S. 17
- Fantasiereise „Der wunderbare Ton“, S. 42

Tipps und Anregungen zu den einzelnen Angeboten

Zum Umgang mit den Arbeitsblättern:
Diese Projektmappe enthält auch einige Arbeitsblätter, deren Aufgabenstellung Sie mit den Kindern in Kleingruppen besprechen (vorlesen) müssen.

BVK • Jenny Hütter: Kita aktiv „Meine Gefühle – deine Gefühle“

Vorbemerkungen und Arbeitshinweise

Für die Aufbewahrung der Arbeitsblätter empfehle ich, je nach Gruppensituation und organisatorischen Bedingungen, verschiedene Möglichkeiten:

- Ablagefächer (alternativ unifarben gestaltete Deckel von Kopierpapierkartons). Die Kinder haben so freien Zugriff auf die darin sortierten Arbeitsblätter und können ihre Aufgaben selbst auswählen.
- Jedes Kind verfügt über einen Schnellhefter, in den die Erzieherin regelmäßig nach Alter und Entwicklungsstand ausgewählte Arbeitsblätter (z. B. zwei Arbeitsblätter pro Woche) einheftet oder gemeinsam mit dem Kind aussucht. Die Kinder wählen die Zeit der Bearbeitung entweder frei oder es gibt festgelegte Zeiten, innerhalb derer das Kind seine Arbeitsblätter bearbeiten kann.
- Die fertiggestellten Arbeitsblätter werden im Schnellhefter oder in einer Sammelmappe/einem Sammelordner abgeheftet bzw. gehören als Anlage zur Bildungsdokumentation oder zum Portfolio.

Allgemeine Information zu den Bastelarbeiten im Bereich „Ästhetische Erziehung", ab S. 15:
Fotografieren Sie die Materialzusammenstellung und jeden einzelnen Arbeitsschritt. Kleben Sie die entwickelten Fotos mit der Auflistung der Materialien bzw. mit der dazugehörigen schriftlichen Arbeitsanweisung auf DIN-A5-Karten, nummerieren Sie die Karten in der richtigen Reihenfolge und laminieren Sie diese. So erhalten Sie bebilderte Karten, die Ihre Kinder zum selbstständigen Arbeiten motivieren.

Zu „Experimente zum Magnetismus", S. 21 – 22:
Für die Experimente bitte Stab-, Hufeisen-, Kugel- und Ringmagnete bereitlegen. Mindestens eine Magnetform wird zudem in verschiedenen Größen benötigt (Variante beim 2. Experiment).

Zu den Rezepten im Bereich „Gesundheit und Ernährung", ab S. 26:
Zu den Rezepten finden Sie auf der Seite 28 Bilder mit allen bei den Rezepten verwendeten Zutaten und Haushaltsgeräten sowie Pfeilen, mit deren Hilfe Sie die Rezepte bei Bedarf als großes Plakat gestalten können. Vergrößern Sie dazu die benötigten Zeichnungen auf dem Kopierer. Mit den vorhandenen Bildern können Sie auch Bildrezepte auf einem DIN-A4-Blatt erstellen, für jedes Kind kopieren und in einem Schnellhefter sammeln. So erhalten die Kinder eine eigene Bild-Rezepte-Mappe.
Achtung: Bitte achten Sie bei allen Rezepten auf eventuelle Lebensmittelunverträglichkeiten der Kinder.

Zu „Wortgottesdienst zum Thema ‚Ich freue mich'", S. 37 – 38:
Folgende Bibelstellen bieten sich zum Thema „Gefühle" an:

Furcht und Angst:
- Psalm 27, 1
- Jona 2
- Lukas 22, 39 – 44 (Jesus am Ölberg)
- Johannes 6, 16 – 21 (Jesus wandelt auf dem See)

Zorn und Wut:
- 1. Buch Mose (Genesis) 4, 1 – 16 (Kain und Abel)
- Jesaja 12, 1

Hoffnung:
- Matthäus 8, 23 – 27 (Stillung des Seesturms)
- Markus 2, 1 – 12 (Heilung des Gelähmten)
- Markus 6, 30 – 44 (Die Speisung der Fünftausend)

Glück und Freude:
- Matthäus 18, 12 – 14 (Das verirrte Schaf)
- Lukas 15, 11 – 32 (Der verlorene Sohn)

Weiterführende Literatur (Bilderbücher) zum Thema:

- Braun, Gisela; Wolters, Dorothee: Das große und das kleine Nein, Verlag an der Ruhr, Mülheim an der Ruhr 2021
- Browne, Anthony: Matti macht sich Sorgen, Lappan Verlag, Oldenburg 2006 (nur noch antiquarisch erhältlich)
- Löffel, Heike; Manske, Christa: Ein Dino zeigt Gefühle, Mebes und Noack, Köln 2018
- Nöstlinger, Christine: Anna und die Wut, S. FISCHER Verlag, Frankfurt am Main, 1990
- Schwarz, Britta: Das kleine Wutmonster, Annette Betz, Wien 2012 oder Maxi Pixi Nr. 45, Carlsen Verlag 2018

Wann bist du traurig? (ab 4 Jahren)

Material:
1 Ball

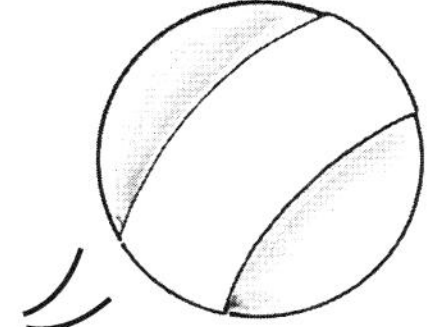

Vorbereitung:
Die Kinder sitzen im Kreis auf dem Boden.

Spielmöglichkeit:
Die Erzieherin gibt einem Kind den Ball in die Hand, mit der Aufgabe, eine Situation zu schildern, in der es sich sehr traurig gefühlt hat. Dann rollt das Kind den Ball einem anderen Kind zu, das ebenfalls von einem Erlebnis erzählt, bei dem es sehr traurig war.
Wenn alle Kinder an der Reihe waren, können folgende Fragen angeschlossen werden:

- Was machst du, wenn du traurig bist?
- Kannst du mit jemandem darüber reden? Und wenn ja, mit wem?
- Gibt es etwas, das dich wieder aufheitern kann?

Auch diese Fragen werden von den Kindern beantwortet, indem das Kind, dem der Ball zugerollt wurde, auf die jeweilige Frage antwortet.

Weitere mögliche Gesprächsanlässe sind zum Beispiel:

- Ich bin glücklich, wenn …
- Ich bin wütend, wenn …
- Ich bin lustig, wenn …

Hinweis:
Es ist wichtig, dass das Kind, das gerade den Ball hat, ausreden darf und nicht von anderen unterbrochen wird.

Gefühlsdomino

Material:
Dominokärtchen (Vorlage s. S. 6), Buntstifte, Scheren, 1 Laminiergerät, Laminierfolie

Vorbereitung:
Die Bildkarten werden kopiert, ausgeschnitten und von den Kindern mit Buntstiften angemalt. Anschließend können sie laminiert werden, damit die Karten länger halten.

Spielregeln:
Die Karten werden gemischt und gleichmäßig auf alle Mitspieler verteilt. Diese legen ihre Karten verdeckt vor sich hin. Der erste Spieler nimmt eine Karte, dreht sie herum und benennt die Gefühle, die auf der Karte abgebildet sind. Dann wird diese Karte in die Mitte gelegt. Der zweite Spieler dreht ebenfalls eine Karte um und benennt, was abgebildet ist. Befindet sich auf seiner Karte dasselbe Gefühl wie auf der in der Mitte liegenden, so kann er die Karte anlegen. Wenn nicht, dreht er sie wieder um, legt sie zurück und der nächste Spieler ist an der Reihe. Wer als Erster alle Karten ablegen konnte, hat gewonnen.

Variante für jüngere Kinder:
Das Spiel wird mit aufgedeckten Karten gespielt und die Kinder suchen sofort ein passendes Bild heraus.

Kopiervorlage zu „Gefühlsdomino“

START

ZIEL

Sprachspiel mit dem Mimikwürfel (ab 4 Jahren)

Material:
Mimikwürfel (Vorlage s. S. 16)

Vorbereitung:
Der Mimikwürfel wird kopiert, evtl. angemalt und zusammengeklebt (s. auch die Anleitung auf S. 15).

Spielmöglichkeit:
Die Kinder sitzen in einem Kreis. Der Mimikwürfel wird in die Mitte gelegt. Ein Kind darf beginnen und eine Begebenheit erzählen, die ihm wichtig gewesen ist. Das Kind erzählt dabei, wie es sich in der Situation gefühlt hat und legt den Mimikwürfel so hin, dass das entsprechende Gesicht nach oben zeigt.

Das Spiel eignet sich gut, um beispielsweise im Abschlusskreis den Tag zu reflektieren. Dabei können evtl. Streitigkeiten der Kinder als Ausgangspunkt genommen werden, um über diese zu sprechen und gemeinsam alternative Lösungswege zu erarbeiten. Am Montagmorgen kann dieses Spiel als Erzählmöglichkeit für das Erlebte am Wochenende dienen.

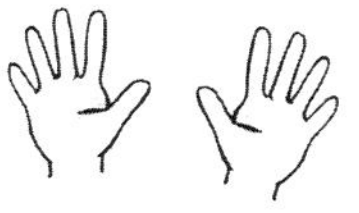

Fingerspiel: Fünf ängstliche Finger (ab 2 Jahren)

Fünf kleine Fingerlein, die hatten Angst, im Dunklen allein zu sein.	*alle 5 Finger hochhalten*
Der Erste spricht: „Wenn's dunkel wird und finst're Nacht, ein Lämpchen mir viel Mut dann macht.“	*den Daumen zeigen*
Der Zweite meint: „Ich hab ein Schwert, das sich gegen böse Geister wehrt.“	*den Zeigefinger hochhalten, so tun als würde der Finger wie ein Schwert kämpfen*
Der Dritte und der Längste, der meint: „Mir ist's am bängsten, ich zittre und ich bange, bis es hell wird lange.“	*den Mittelfinger hochhalten und zittern lassen*
Der Vierte spricht: „Ich weine dann und höre nicht mehr auf sehr lang.“	*den Ringfinger hochhalten, weinerlich sprechen*
Der Fünfte meint: „Mal ehrlich, ist es denn so gefährlich? Lasst uns zusammenbleiben, wenn wir im Dunklen weilen.“	*den kleinen Finger hochhalten* *alle fünf Finger zusammen hochhalten*

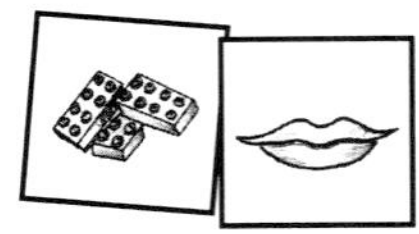

Mitmachgeschichte „Die Geschichte vom König Grrr“ (1)

(ab 2 Jahren)

Hinweis:
Die Erzieherin erzählt die Geschichte und macht gemeinsam mit den Kindern die Bewegungen und Laute.

Geschichte	Bewegungen / Laute zum Text
Es war einmal ein König. Dieser hieß Grrr, weil er immer so grimmig guckte.	*grimmig schauen und „Grrr“ rufen*
Er hatte ein riesiges Schloss	*Größe mit den Armen andeuten*
mit einer großen Tür	*mit den Armen die Tür aufklappen*
und einer langen Wendeltreppe.	*um sich selbst herumdrehen*
In diesem riesigen Schloss lebte der	*Größe mit den Armen andeuten*
grimmige König Grrr	*grimmig schauen und „Grrr“ rufen*
mit seinen drei Töchtern.	*drei Finger hochhalten*
Die erste hieß Prinzessin Schmatz, weil sie so schön und lieb war.	*einen Luftkuss machen*
Die zweite hieß Prinzessin Iiih, weil sie sich immerzu und vor allem ekelte.	*angeekeltes Gesicht machen und „Iiii“ rufen*
Die dritte hieß Prinzessin Sssst, weil sie immer vor allem davonrannte.	*in die Hocke gehen und mit einem lauten „Sssst“ hochkommen, dabei die Arme nach oben schnellen lassen*
Im Nachbarland lebte der schöne Prinz Oho.	*erstauntes Gesicht machen und „Oho“ rufen*
Er lebte in einem sehr kleinen Schloss,	*kleines Schloss mit den Armen andeuten*
mit einer kleinen Tür	*kleine Tür mit den Armen aufklappen*
und einer kleinen Wendeltreppe.	*in die Hocke gehen und um sich selbst drehen*
Eines Tages beschloss Prinz Oho, dass er eine Frau heiraten möchte.	*erstauntes Gesicht machen und „Oho“ rufen*
Er rief seinen Diener, den immer wütenden Heyho, zu sich. Er sollte ihn begleiten.	*die Hände in die Hüfte stemmen, mit dem Fuß aufstampfen, wütend gucken und „Heyho“ rufen*
Er stieg die kleine Wendeltreppe hinunter,	*in die Hocke gehen und um sich selbst drehen*
öffnete die kleine Tür	*kleine Tür mit den Armen aufklappen*
und stieg auf sein Pferd.	*ein Bein anwinkeln und 1 Mal hochhüpfen*
Dann ritt er zu seinem Nachbarn,	*mit den Händen auf die Oberschenkel schlagen und im Galopptakt schnalzen*
dem grimmigen König Grrr.	*grimmig schauen und „Grrr“ rufen*
Dort angekommen wurde die Zugbrücke heruntergelassen.	*pantomimisch darstellen, wie eine Zugbrücke heruntergelassen wird*
Prinz Oho ritt in den Schlosshof,	*erstauntes Gesicht machen und „Oho“ rufen*
stieg von seinem Pferd	*Bewegung pantomimisch andeuten*
und öffnete die riesige Schlosstür.	*mit den Armen die Tür aufklappen*
Er und sein Diener, der immer wütende Heyho, gingen hinein,	*die Hände in die Hüfte stemmen, mit dem Fuß aufstampfen, wütend gucken und „Heyho“ rufen*

Mitmachgeschichte „Die Geschichte vom König Grrr“ (2)

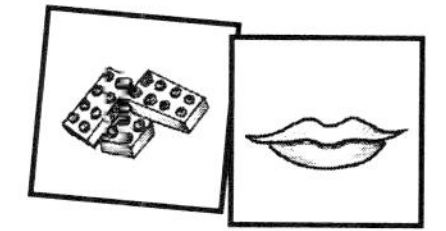

(ab 2 Jahren)

liefen die lange Wendeltreppe hinauf	*um sich selbst herumdrehen*
und standen vor dem Thron vom grimmigen König Grrr.	*grimmig schauen und „Grrr“ rufen*
Prinz Oho schilderte dem grimmigen König Grrr sein Anliegen und bat darum, die Schönste seiner Töchter heiraten zu dürfen. Dieser sagte, dass er das gern tun könne, allerdings dürften seine Töchter sich ihren zukünftigen Ehemann selbst aussuchen. Deshalb müsse er eines der Mädchen von sich überzeugen.	*erstauntes Gesicht machen und „Oho“ rufen, grimmig schauen und „Grrr“ rufen*
„Na, das dürfte ja keine Schwierigkeit sein“, dachte Prinz Oho bei sich, „schließlich bin ich der wunderschöne Prinz Oho und alle Frauen schauen mir hinterher.“	*erstauntes Gesicht machen und „Oho“ rufen (2 Mal)*
Als Erstes kam Prinzessin Schmatz herein.	*einen Finger hochhalten, einen Luftkuss machen*
Sie sah Prinz Oho	*erstauntes Gesicht machen und „Oho“ rufen*
und seinen Diener, den immer wütenden Heyho.	*die Hände in die Hüfte stemmen, mit dem Fuß aufstampfen, wütend gucken und „Heyho“ rufen*
Prinz Oho bat Prinzessin Schmatz, mit ihm zu kommen und seine Frau zu werden.	*erstauntes Gesicht machen und „Oho“ rufen, einen Luftkuss machen*
Diese aber sah den immer wütenden Heyho an, nahm diesen an die Hand und	*die Hände in die Hüfte stemmen, mit dem Fuß aufstampfen, wütend gucken und „Heyho“ rufen*
gab ihm einen Kuss.	*einen Luftkuss machen*
Der wütende Heyho war auf einmal gar nicht mehr wütend	*die Hände in die Hüfte stemmen, mit dem Fuß aufstampfen, wütend gucken und „Heyho“ rufen, dann plötzlich nett lächeln*
und Prinzessin Schmatz sagte zu ihrem Vater,	*einen Luftkuss machen*
dem grimmigen König Grrr, dass sie diesen Mann heiraten wolle.	*grimmig schauen und „Grrr“ rufen*
Prinz Oho, der seinen immer wütenden Diener Heyho sehr gern hatte, wollte nun die zweite Prinzessin sehen.	*erstauntes Gesicht machen und „Oho“ rufen, die Hände in die Hüfte stemmen, mit dem Fuß aufstampfen, wütend gucken und „Heyho“ rufen. zwei Finger hochhalten*
Herein kam nun Prinzessin Iiih,	*angeekeltes Gesicht machen und „Iiih“ rufen*
sie sah den Prinzen Oho und	*erstauntes Gesicht machen und „Oho“ rufen*
ekelte sich ganz fürchterlich vor ihm.	*angeekeltes Gesicht machen und „Iiih“ rufen*
Prinz Oho sank der Mut.	*erstauntes Gesicht machen und „Oho“ rufen*
Dann kam die dritte Prinzessin,	*drei Finger hochhalten*
Prinzessin Sssst herein, aber sie war so schnell im Raum und auch schon wieder heraus,	*in die Hocke gehen und mit einem lauten „Sssst“ hochkommen, dabei die Arme nach oben schnellen lassen*

Mitmachgeschichte „Die Geschichte vom König Grrr“ (3)

(ab 2 Jahren)

dass Prinz Oho gar nicht wusste, wie ihm geschah.	*erstauntes Gesicht machen und „Oho“ rufen*
Schnell rannte er hinter Prinzessin Sssst her,	*in die Hocke gehen und mit einem lauten „Sssst“ hochkommen, dabei die Arme nach oben schnellen lassen*
die Wendeltreppe hinunter,	*um sich selbst herumdrehen*
durch die große Schlosstür hinaus,	*mit den Armen die Tür aufklappen*
sprang auf sein Pferd	*ein Bein anwinkeln und 1 Mal hochhüpfen*
und galoppierte hinterher.	*mit den Händen auf die Oberschenkel schlagen und im Galopptakt schnalzen*
Prinzessin Sssst war so schnell, dass er ihr sogar mit Pferd kaum folgen konnte.	*in die Hocke gehen und mit einem lauten „Sssst“ hochkommen, dabei die Arme nach oben schnellen lassen*
Sie rannte durch den Wald,	*auf der Stelle rennen*
sprang über herumliegende Baumstämme,	*mehrmals hochspringen und weiterrennen*
watete durch Morast,	*auf der Stelle gehen, Schmatzgeräusche machen*
sprang am Fluss von Stein zu Stein,	*springen*
bis Prinz Oho sie schließlich einholte.	*erstauntes Gesicht machen und „Oho“ rufen*
Prinzessin Sssst war so beeindruckt davon, dass es einer geschafft hatte, sie einzuholen,	*in die Hocke gehen und mit einem lauten „Sssst“ hochkommen, dabei die Arme nach oben schnellen lassen*
dass sie beschloss, den Prinzen Oho zu heiraten.	*erstauntes Gesicht machen und „Oho“ rufen*
Prinzessin Sssst sprang mit auf das Pferd und	*in die Hocke gehen und mit einem lauten „Sssst“ hochkommen, dabei die Arme nach oben schnellen lassen*
zusammen galoppierten sie zum Schloss des Prinzen Oho.	*mit den Händen auf die Oberschenkel schlagen und im Galopptakt schnalzen, erstauntes Gesicht machen und „Oho“ rufen*
Es ging quer durch den Wald. Rechts herum an den Sträuchern vorbei,	*mit den Händen auf die Oberschenkel schlagen und im Galopptakt schnalzen, dabei nach rechts lehnen*
mit einem riesigen Sprung über den Fluss und hinein in den Schlosshof,	*mit den Händen auf die Oberschenkel schlagen und im Galopptakt schnalzen, dabei einen Sprung andeuten*
durch die kleine Tür und	*kleine Tür mit den Armen aufklappen*
die kleine Wendeltreppe hinauf.	*in die Hocke gehen und um sich selbst drehen*
Am nächsten Tag heirateten Prinz Oho und Prinzessin Sssst.	*erstauntes Gesicht machen und „Oho“ rufen, in die Hocke gehen und mit einem lauten „Sssst“ hochkommen, dabei die Arme nach oben schnellen lassen*

Wenn du fröhlich bist (ab 2 Jahren)

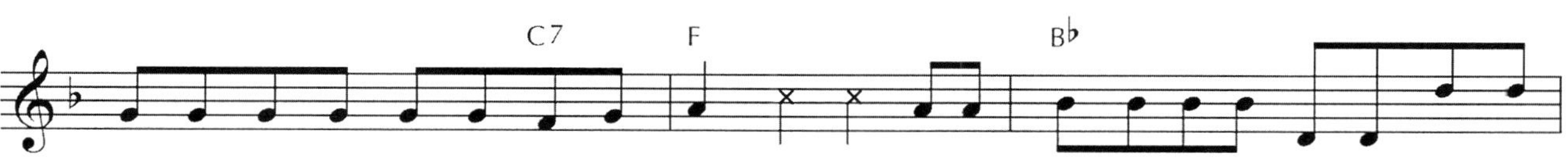

Text: traditionell
Melodie: traditionell nach „If you're happy"

2. Wenn du wütend bist,
dann stampfe mit dem Fuß,
wenn du wütend bist,
dann stampfe mit dem Fuß.
Ja du kannst es allen zeigen,
musst Gefühle nicht verschweigen,
wenn du wütend bist,
dann stampfe mit dem Fuß.

3. Wenn du traurig bist,
dann wein doch einfach mal,
wenn du traurig bist,
dann wein doch einfach mal.
Ja du kannst es allen zeigen,
musst Gefühle nicht verschweigen,
wenn du traurig bist,
dann wein doch einfach mal.

4. Wenn du albern bist,
dann drehe dich im Kreis,
wenn du albern bist,
dann drehe dich im Kreis.
Ja du kannst es allen zeigen,
musst Gefühle nicht verschweigen,
wenn du albern bist,
dann drehe dich im Kreis.

5. Wenn du ängstlich bist,
versteck dich irgendwo,
wenn du ängstlich bist,
versteck dich irgendwo.
Ja du kannst es allen zeigen,
musst Gefühle nicht verschweigen,
wenn du ängstlich bist,
versteck dich irgendwo.

6. Wenn du mutig bist,
dann brülle wie ein Stier,
wenn du mutig bist,
dann brülle wie ein Stier.
Ja du kannst es allen zeigen,
musst Gefühle nicht verschweigen,
wenn du mutig bist,
dann brülle wie ein Stier.

BVK • Jenny Hütter: Kita aktiv „Meine Gefühle – deine Gefühle"

Ich bin der kleine Tiger (ab 2 Jahren)

Text: Jenny Hütter
Melodie: traditionell nach „Ein Männlein steht im Walde“

Spielmöglichkeit zu „Ich bin der kleine Tiger“:
Die Kinder sitzen im Kreis. Ein Kind geht als Tiger durch die Mitte, während das Lied gesungen wird. Danach versucht das Kind in der Mitte, die anderen zum Lachen zu bringen (durch Grimassen schneiden, einen Witz erzählen …). Wer lacht, der muss sich anschließen. Am Ende, wenn alle Kinder sich angeschlossen haben, wird folgende Strophe gesungen:

2. Wir sind die lust'gen Tiger, wir alle hier.
Wir haben Spaß und lachen wie ein Stier.
Ach, wir springen in die Höh, hüpfen dann noch wie die Flöh,
krabbeln dann und krabbeln zum Platz zurück.

Rhythmikeinheit „Gefühle“ (ab 3 Jahren)

Material:
5 Seilchen, CD-Player, Musik (beliebige bzw. vorgeschlagene Lieder), 1 Handtrommel

Begrüßungslied:
„Hallo, hallo (Ich will euch begrüßen)“ (Volker Rosin, in „Live!“, Edel Germany GmbH, Hamburg 2005)

Spielmöglichkeit „Packerlspiel mit Gefühlen“:
Die Kinder verteilen sich in der Halle und machen ein Packerl (am Boden hocken und ganz klein machen). Die Spielleiterin gibt vor, als was die Kinder herauskommen, sobald die Musik startet, zum Beispiel als wütende Kinder, als alberne Kinder … Bei Musikstopp machen die Kinder an der Stelle, an der sie sich gerade befinden, wieder ein Packerl.

Spielmöglichkeit „Die fröhlichen Elefanten“:
Aus den Seilen werden fünf große Kreise gelegt. Diese Kreise bilden die Wohnungen von fünf verschiedenen Tieren.

1. Kreis = erschrockenes Reh (macht ein erschrockenes Gesicht und galoppiert mit großen Sprüngen davon),
2. Kreis = wütendes Nashorn (macht ein wütendes Gesicht, die Hand stellt das Horn auf der Nase dar, scharrt mit den Hufen und rennt los zum Angriff),
3. Kreis = hungrige Raubkatze (schleicht leise, springt dann fauchend auf jemanden zu),
4. Kreis = stolzer Schmetterling (fliegt mit hocherhobenem Haupt umher),
5. Kreis = fröhlicher Elefant (mit den Armen den Rüssel bilden, sich nassspritzen und trompeten).

Die Kinder dürfen beliebig zur Musik von Wohnung zu Wohnung wandern und die entsprechenden Tiere darstellen (bei jüngeren Kindern werden nur drei Kreise gebildet).

Freund suchen:
Auf ein Signal hin (Schlag auf die Handtrommel) dürfen sich alle Tiere einen Freund suchen und
- einander kitzeln,
- sich umarmen,
- die Nasen reiben,
- zu zweit zusammen laufen.

Über Gefühle berichten:
Im Anschluss an das Spiel wird ein Kreis gebildet. Jedes Kind darf berichten, wie es ihm bei dem Spiel ergangen ist. Mögliche Fragestellungen:
- Welches Gefühl konnte ich gut darstellen? Woran lag das?
- Welches Gefühl konnte ich gar nicht darstellen? Woran lag das?
- Habe ich mir bestimmte Kinder als Freund gesucht?
- Waren das Umarmen, Kitzeln oder an der Nase reiben schöne Gefühle?
- Mochtest du jeden umarmen, kitzeln oder an der Nase reiben?
- Mochtest du von jedem umarmt, gekitzelt oder an der Nase gerieben werden?
- Was hast du getan, wenn du das nicht wolltest?

Spielmöglichkeit „Magnete“:
Die Kinder laufen frei zur Musik durch die Halle oder den Raum. Bei Musikstopp ruft die Spielleiterin einen Namen. Alle Kinder hängen sich nun an dieses Kind an, dabei laufen sie weiter. Die ganze Gruppe bewegt sich in einer langen Schlange, diese darf sich auch einrollen, unter einem Tisch hindurchkriechen o. Ä. Sobald die Musik wieder einsetzt, darf jedes Kind für sich allein durch den Raum laufen.

Abschlusslied:
„Wenn du fröhlich bist“ (S. 11)

BVK • Jenny Hütter: Kita aktiv „Meine Gefühle – deine Gefühle“

Klanggeschichte „Sag einfach auch mal NEIN“ (ab 3 Jahren)

Tom hat heute Geburtstag, er ist fünf Jahre alt geworden. Auf diesen Tag hat er sich lange gefreut. „Endlich bin ich groß“, denkt er sich. Im Kindergarten hat er heute Morgen schon gefeiert. Das war sehr lustig. Erst haben alle Kinder für ihn **gesungen,** dann durfte er **3 Mal hochleben** und danach die Kerzen auf seinem Kuchen **auspusten. Tom** hat alle fünf auf einmal geschafft!
Heute Mittag kommen Oma, Opa, Tante Lise, Onkel Knut und Tante Frida. Darauf freut **Tom** sich auch, er mag schließlich seine Oma, den Opa, seine Tanten und den Onkel sehr, sehr gern. Aber auf eines freut **Tom** sich nicht. Oma und Tante Frida wollen ihn zur Begrüßung immer **küssen.** Das hat **Tom** gar nicht gern. Es fühlt sich immer so nass an. **Tom** möchte sich danach immer am liebsten sein Gesicht waschen gehen. So sehr er sich auch darauf freut, dass sie kommen und mit ihm seinen Geburtstag feiern, vor der Begrüßung grault es **Tom** schon wieder.
Mittags, bevor alle kommen, erzählt **Tom** seiner Mutter, was ihn bedrückt. Diese seufzt einmal und sagt dann etwas, womit **Tom** gar nicht gerechnet hätte. „Weißt du was“, sagt sie, „das mochte ich früher auch gar nicht, wenn mich alle immerzu **küssen** wollten. Ich kann dich verstehen. Und heute, wenn sie dich wieder zur Begrüßung **küssen** wollen, sagst du einfach: **‚Nein,** ich bin jetzt ein großer Junge und möchte nicht mehr **geküsst** werden.‘ Sie werden das schon verstehen.“

Tom ist sehr erleichtert, dass seine Mutter Verständnis für ihn hat.
Als es nachmittags **klingelt**, öffnet **Tom** die Tür. Vor ihm steht Oma und sie beugt sich schon nach vorn, zu ihm hinunter.
„Nein“, sagt **Tom** schnell. „Oma, ich bin jetzt groß, ich möchte nicht mehr immerzu **geküsst** werden.“ Erst hat Oma etwas komisch geguckt, aber dann hat sie **Tom** angelächelt und gesagt: „Na, das stimmt, immerhin bist du jetzt fünf Jahre alt.“ Und dann hat **Tom** einen richtig schönen Geburtstag mit allen gefeiert. Auch Tante Frida war gar nicht böse, als **Tom** zu ihr **„Nein“** sagte.
Da hat **Tom** gemerkt: Es ist in Ordnung, **„Nein“** zu sagen, wenn man etwas nicht möchte!

Spielmöglichkeit:
Die Geschichte wird den Kindern vorgelesen, dabei wird bei folgenden Wörtern ein Instrument von den Kindern gespielt:

1. Tom = Ratsche
2. gesungen = alle Kinder singen ein Geburtstagslied (oder spielen auf einem beliebigen Instrument)
3. 3 Mal hochleben = Klanghölzer 3 Mal anschlagen
4. auspusten = ein Kind (oder mehrere) pustet
5. küssen = ein Kind (oder mehrere) macht einen lauten Luftkuss
6. Nein = Trommel
7. klingelt = Glockenspiel

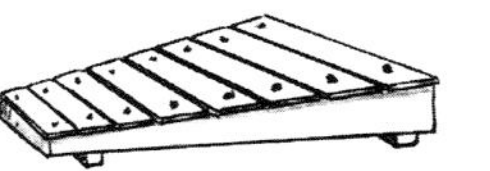

Hinweis:
Die Geschichte kann auch als Gesprächsanlass dienen, um das Thema „Neinsagen“ weiter zu vertiefen. Dazu könnten folgende Fragestellungen hilfreich sein:

- Gibt es Situationen, in denen du dich nicht wohlfühlst? Hast du in der Situation „Nein“ gesagt?
- Hast du dich auch schon einmal einfach nicht getraut, „Nein“ zu sagen?
- In welcher weiteren Situation hast du schon einmal „Nein“ gesagt?

Knautschgesichter (ab 2 Jahren)

Material:
1 Luftballon für jedes Kind, 1 Trichter, Sand, Filzstifte

Arbeitsanleitung:
1. Der Trichter wird in die Öffnung des Luftballons gesteckt.
2. Dann wird der Sand mit Hilfe des Trichters in den Luftballon gefüllt.
3. Anschließend den Luftballon mit einem Knoten verschließen.
4. Mit einem Filzstift können die Kinder ein Gesicht auf den Luftballon malen. Dabei darf sich natürlich jeder aussuchen, welchen Gesichtsausdruck sein Ballon hat.

Spielmöglichkeit zu den Knautschgesichtern:
Im Kreis wird eines der Knautschgesichter herumgereicht. Derjenige, der das Knautschgesicht in der Hand hält, darf erzählen, wie es ihm heute geht / ging: Gab es etwas besonders Schönes? Gab es etwas, das dich traurig gemacht hat? Gab es etwas, das dich wütend gemacht hat? Warst du heute müde?

Wer im Laufe des Tages wütend ist, darf seinen Ballon in die Hand nehmen und diesen so lange knautschen und drücken, bis die Wut verflogen ist.

Mimikwürfel basteln (ab 3 Jahren)

Material:
Mimikwürfel (Vorlage s. S. 16), Scheren, Buntstifte, Kleber

Vorbereitung:
Die Vorlage Mimikwürfel wird kopiert (bei Bedarf vergrößert).

Arbeitsanleitung:
1. Die Gesichter auf dem Mimikwürfel können von den Kindern mit Buntstiften angemalt werden.
2. Die Vorlage wird entlang der äußeren Linie ausgeschnitten. Die gestrichelten Linien werden (nach hinten) gefaltet.
3. Die grauen Kästen sind die Klebeflächen. Diese werden entlang der gestrichelten Linie nach hinten geknickt und mit etwas Kleber bestrichen.
4. Nun wird das Ganze wie ein Würfel zusammengeklebt, indem die Würfelseiten vorsichtig an die Klebeflächen gedrückt werden.

Hinweis:
Spielmöglichkeiten mit dem Mimikwürfel finden Sie auf Seite 7 (Sprachliche Bildung) und Seite 46 (Sozialerfahrungen).

BVK • Jenny Hütter: Kita aktiv „Meine Gefühle – deine Gefühle“

Kopiervorlage „Mimikwürfel basteln“

(Bitte ggf. hochkopieren.)

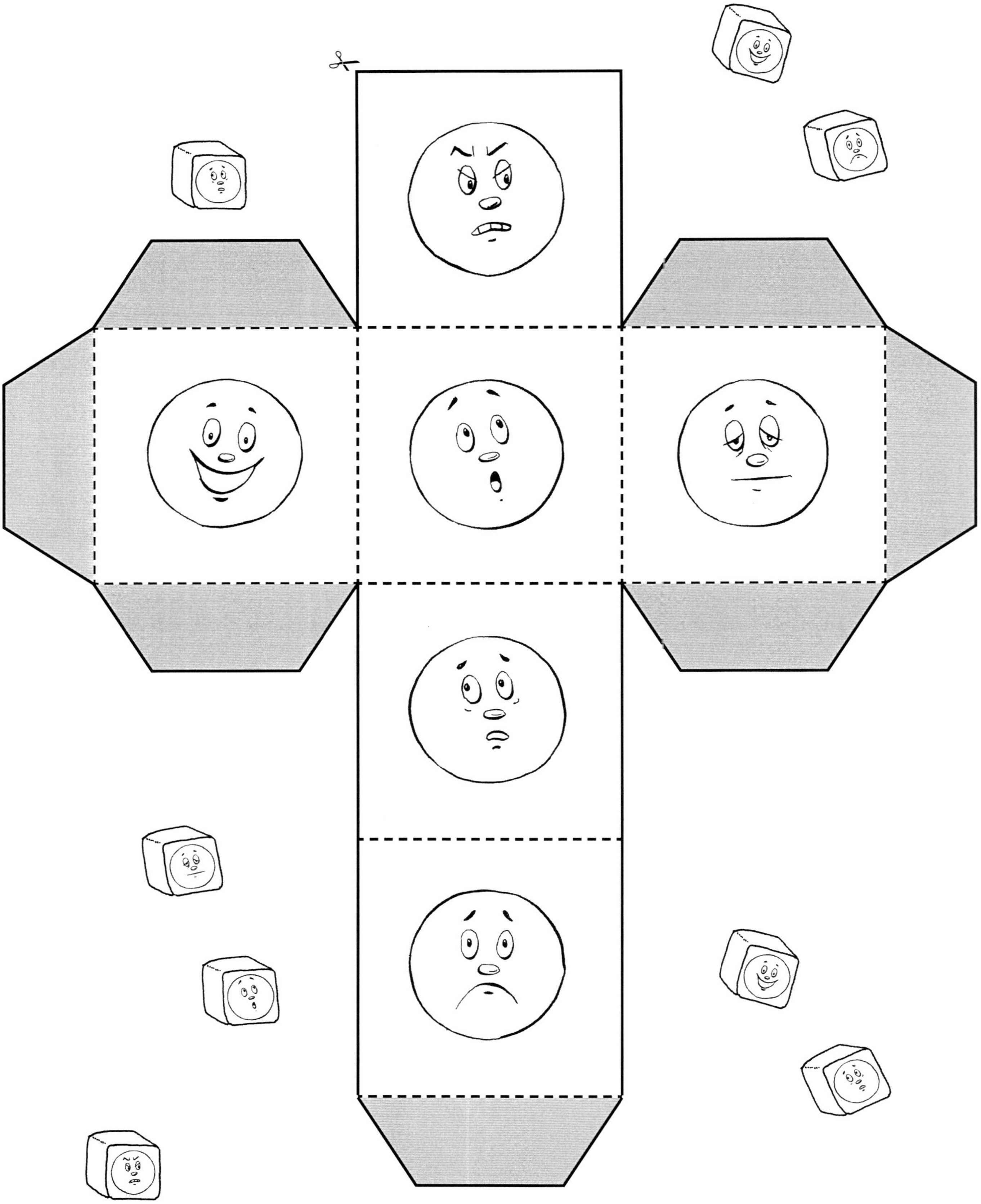

BVK • Jenny Hütter: Kita aktiv „Meine Gefühle – deine Gefühle“

Gefühlsuhr (ab 3 Jahren)

Material (pro Kind):
Pappe (in beliebiger Farbe), 1 Teller (als Vorlage), 1 Bleistift, 1 Vorlage „Gesichter" (s. u., alternativ können die Kinder die Gesichter auch selbst aufmalen und dann ausschneiden), Buntstifte, 1 Schere oder 1 Prickelnadel mit Unterlage, Vorlage „Zeiger" (s. u.), 1 Musterklammer

Vorbereitung:
Die Vorlage für die Gesichter und die Zeiger werden für jedes Kind kopiert.

Arbeitsanleitung:

1. Der Teller wird auf die Pappe gelegt und mit dem Bleistift der Umriss des Tellers abgemalt.
2. Der so entstandene Kreis wird ausgeschnitten.
3. In die Mitte des Kreises wird mit der Schere / Prickelnadel ein Loch hineingestochen.
4. Die Zeiger werden ausgeschnitten, auf die Pappe gelegt, die Umrisse der Zeiger werden abgemalt und ausgeschnitten.
5. In das Ende der Zeiger wird ein Loch geschnitten / geprickelt. Die Zeiger werden auf den Kreis gelegt, sodass die Löcher übereinanderliegen. Mit der Musterklammer werden sie nun an dem Pappkreis befestigt.
6. Die Gesichter werden mit den Buntstiften ausgemalt und dann ausgeschnitten. Diese werden, wie in der Skizze rechts, auf den Pappkreis geklebt.

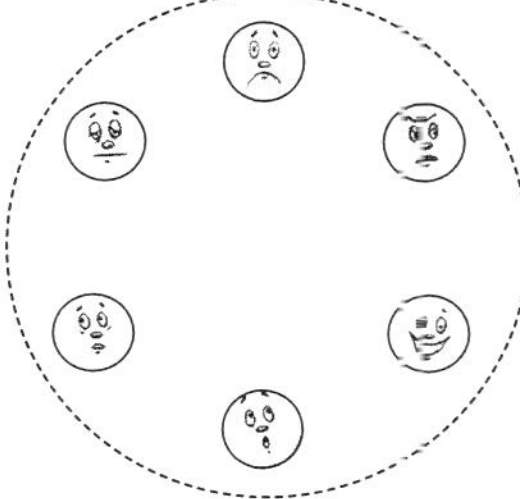

Hinweis:
Jedes Kind darf seine eigene Gefühlsuhr basteln. Je nach Alter kann seine Uhr einen oder zwei Zeiger haben (wenn sich das Kind z. B. müde *und* traurig fühlt). Wenn die Kinder morgens in den Kindergarten kommen, dürfen sie den Zeiger, gemäß ihrem aktuellen Gefühl, auf das dazugehörige Gesicht stellen. Wenn sich ihr Gefühl im Laufe des Vormittages verändert, darf dies natürlich auch auf der Gefühlsuhr verändert werden. Im Anschluss an Aktivitäten oder im Morgenkreis kann die Gefühlsuhr als Gesprächsgrundlage verwendet werden.

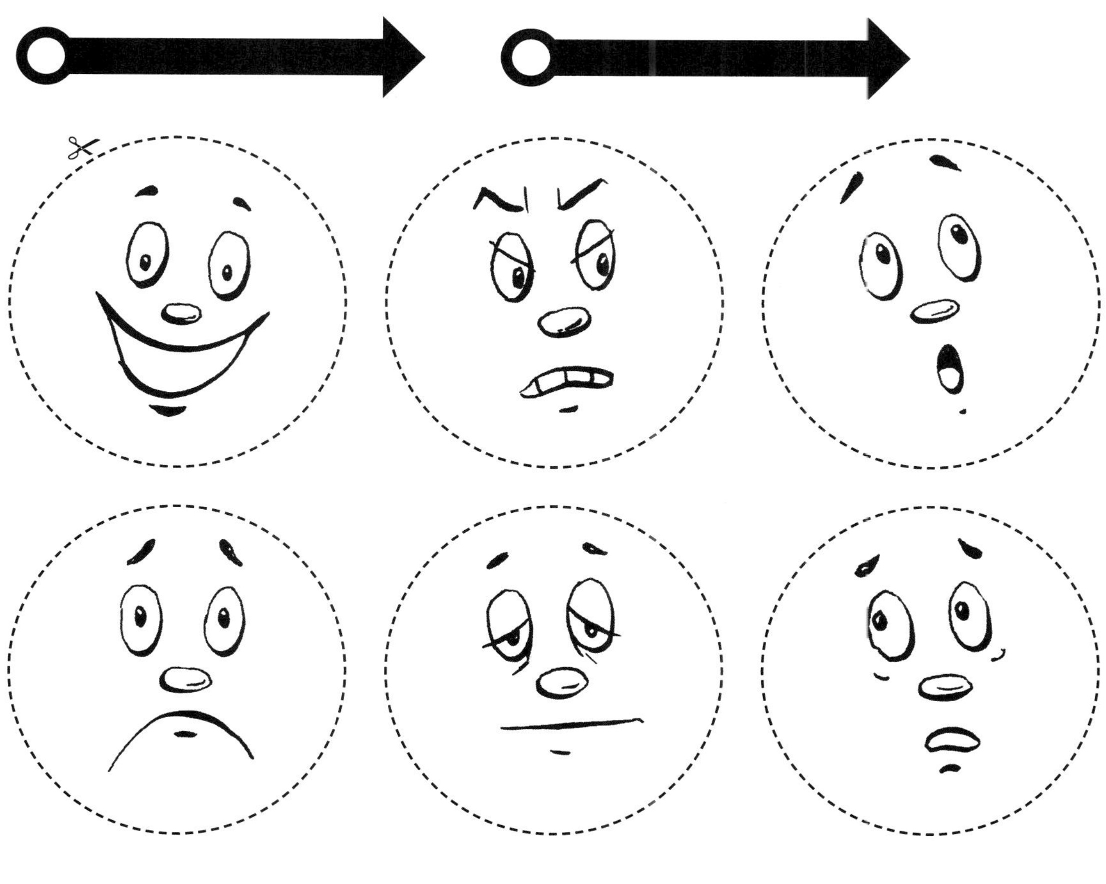

BVK • Jenny Hütter: Kita aktiv „Meine Gefühle – deine Gefühle"

Sorgenpüppchen (ab 4 Jahren)

Material:
1 Pfeifenputzer (etwa 30 cm lang), Wolle (2 Farben), 1 Holzperle, Folienstifte, Scheren, feiner Sand (z. B. Vogelsand), Kleber

Arbeitsanleitung:

1. Der Pfeifenputzer wird folgendermaßen zurechtgebogen (Kopf, Arme und Beine):

2. Der Hals, die Arme und der obere Teil des Bauches werden dick mit Wolle umwickelt. Die Enden werden als Kopf und Hände freigelassen.
3. Mit der anderen Wolle werden nun die Beine und der untere Teil des Bauches umwickelt. Auch hier werden die Enden als Füße freigelassen.
4. Auf den oberen Teil wird eine Perle als Kopf gesteckt und festgeklebt.

5. Dann etwas Kleber auf die Perle geben und die Perle in den Sand drücken. So erhält das Püppchen Haare.
6. Zum Schluss wird mit den Stiften noch ein Gesicht aufgemalt.

Hinweis:
Nach einer Sage aus Guatemala können die Sorgenpüppchen einem Sorgen und Probleme nehmen, wenn man ihnen von diesen erzählt und sie abends unter das Kopfkissen legt. Am nächsten Morgen sind die Sorgen verschwunden. Laut der Sage verlieh der Sonnengott der Prinzessin Ixmucane die Gabe, dass sie den Menschen alle Sorgen nehmen könne. Diese Fähigkeit gab Ixmucane an sechs Vertreterinnen weiter, welche heute durch die Sorgenpüppchen symbolisiert werden. Deshalb sind in einem gekauften Säckchen mit Sorgenpüppchen immer sechs Stück.

Dazu eignet sich das Bilderbuch „Matti macht sich Sorgen“ von Anthony Browne, siehe Seite 4.

Spielmöglichkeit:
Jedes Sorgenpüppchen bekommt einen festen Platz in der Gruppe. Dies kann für alle offen (auf einem Regal o. Ä.) oder verdeckt (z. B. in den Eigentumsfächern jedes Kindes) sein.
Im Gesprächskreis wird mit den Kindern die Geschichte der Sorgenpüppchen erarbeitet und ihnen erzählt, dass sie ihrem Sorgenpüppchen auch von ihren Ängsten und Sorgen berichten können. Immer wenn sie im Kindergarten etwas Derartiges erlebt haben, dürfen sie sich ihr Sorgenpüppchen herausnehmen und ihm davon erzählen. Vielleicht sind die Sorgen dann bald verschwunden.
Es bietet sich an, den Kindern dafür einen gemütlichen Teil des Gruppen- oder Nebenraumes zur Verfügung zu stellen. Jedes Kind darf selbst entscheiden, ob oder wann es seinem Sorgenpüppchen etwas erzählen möchte. Es ist wichtig, dass die Kinder dabei ungestört sind.
In den nächsten Gesprächskreisen kann immer mal wieder nachgefragt werden, ob die Kinder ihrem Sorgenpüppchen etwas anvertraut haben, und ob es ihnen geholfen hat.
Wenn die Kinder auch im Kreis mitteilen möchten, was sie ihrem Sorgenpüppchen erzählt haben, bietet dies eine gute Gesprächsgrundlage, um über mögliche Konflikte zu sprechen.

BVK • Jenny Hütter: Kita aktiv „Meine Gefühle – deine Gefühle“

Gefühlsmasken (ab 3 Jahren)

Material:
Pappteller, Scheren, Prickelnadeln mit Unterlage, Pinsel, Becher mit Wasser, Wasserfarben, Kittel, Wolle oder Hutgummi, 1 Bleistift

Arbeitsanleitung:

1. Aus dem Pappteller wird die Gefühlsmaske hergestellt. Dazu wird diese zunächst vor das Gesicht gehalten, auf Augenhöhe werden die Augen markiert und anschließend, nach dem Abnehmen der Maske, ausgeprickelt oder ausgeschnitten.

2. An den Seiten wird jeweils ein Loch geprickelt, durch das nachher der Wollfaden / das Hutgummi zum Befestigen der Maske gezogen wird.

3. Die Kinder malen nun mit den Wasserfarben ein Gesicht ihrer Wahl auf die Maske (fröhlich, wütend, traurig, nachdenklich, müde …).

Hinweis:
Die Kinder können mit ihren Masken spielen (z. B. auch eigene Rollenspiele) oder sie werden im Gruppenraum aufgehängt.

Der Frustkorb (ab 2 Jahren)

Material:
1 ausrangierter Eimer, verschiedene Materialien zum Verzieren (Stoff, Klebefolie, Watte, bunte Plastiktüten, buntes Papier …), Kleber / Kleister / evtl. 1 Heißklebepistole

Arbeitsanleitung:
Der Eimer wird gründlich gesäubert und von den Kindern nach Lust und Laune mit den verschiedenen Materialien verziert und dekoriert. Bei einigen Materialien muss evtl. (von der Erzieherin) die Heißklebepistole zu Hilfe genommen werden, damit die Materialien am Eimer haften bleiben.

Hinweis:
Die Kinder suchen sich im Kindergarten einen Platz für den Frustkorb. Immer wenn man wütend ist, kann man diese Wut an dem Frustkorb auslassen, indem man beispielsweise seine Wut hineinschreit.

Das wütende Knallmonster (ab 3 Jahren)

Material:
1 DIN-A4-Blatt Transparentpapier (beliebige Farbe), 1 Filzstift

Arbeitsanleitung:

1. Das Blatt einmal längs falten.

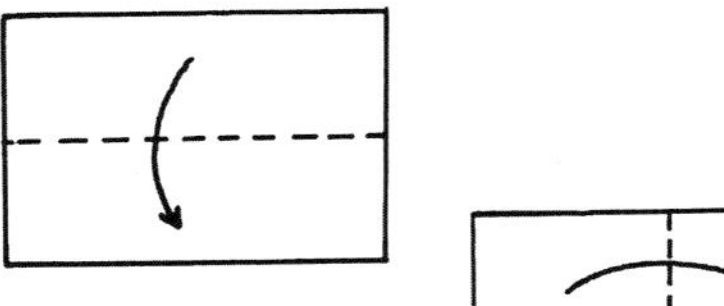

2. Danach das Blatt einmal quer falten.

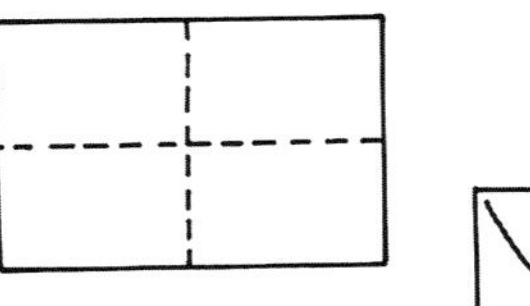

3. Nun wird das Ganze wieder aufgeklappt.

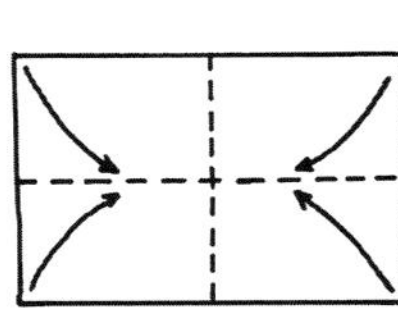

4. Jede Ecke wird so eingeknickt, dass ihr Rand an der längsseitigen Falzlinie anliegt (s. Abbildung).

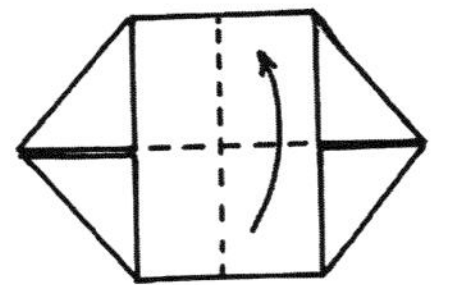

5. Nun wird das Knallmonster erneut längs zusammengefaltet, sodass die eingeknickten Ecken innen liegen.

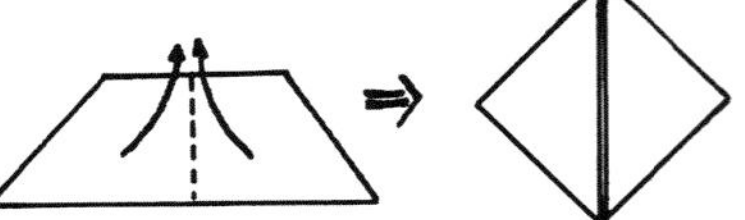

6. Die beiden nach außen zeigenden, unteren Ecken werden nach oben gefaltet, sodass eine Raute entsteht.

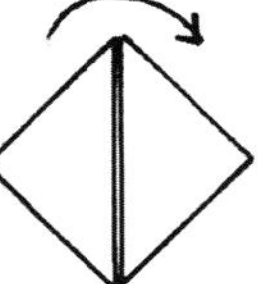

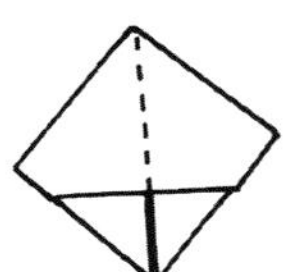

7. Das Knallmonster wird umgedreht und dann um 180° gedreht, sodass es mit der offenen Seite nach unten liegt.

8. Mit dem Filzstift bekommt das Knallmonster ein möglichst wütendes Gesicht.

9. Nun das Papier noch einmal in der Mitte falten, sodass die linke Ecke auf der rechten liegt.

10. Es ist ein Dreieck entstanden. Um das Knallmonster herauszulassen, hält man dieses so, dass die Spitze nach unten zeigt (s. Abbildung). Mit Daumen und Zeigefinger wird die Ecke (dort, wo die zwei offenen Ecken aufeinandertreffen) festgehalten und schnell und kräftig nach unten geschlagen. Das gibt einen lauten Knall, während sich das Monster nach außen wölbt.

Hinweis:
Das wütende Knallmonster kann herausgelassen werden, wenn man sich einmal so richtig mies fühlt und seine Wut abreagieren möchte. In der Klanggeschichte auf Seite 14 kann es als Alternative zur Trommel eingesetzt werden.

Experimente zum Magnetismus (1) (ab 2 Jahren)

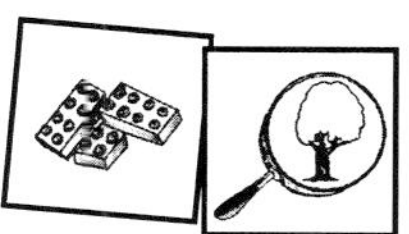

1. Experiment: Was können Magnete gut leiden?

Material:
für jedes Kind einen Magneten (es können auch unterschiedliche Magnete wie Stabmagnet, Hufeisenmagnet etc. verwendet werden), 2 verschiedenfarbige Kisten oder Körbe, verschiedene Gegenstände wie zum Beispiel Nägel, Büroklammern, Bälle, Spielsteine, Bleistift, Kugelschreiber, Papier, Münzen ... (ggf. vorab im Raum auslegen)

Arbeitsanleitung:
Die Kinder sitzen im Kreis, jeder erhält einen Magneten. Dann können die Kinder berichten, was sie bereits über Magnete wissen. Anschließend werden zwei Körbe in die Mitte gestellt. Die Kinder erhalten den Auftrag, mit ihrem Magneten durch den Raum (die Kita) zu gehen und auszuprobieren, welche Gegenstände sich vom Magneten anziehen lassen und welche nicht. In einem Korb wird alles gesammelt, was sich vom Magneten anziehen lässt, in dem anderen Korb werden die Dinge gesammelt, die nicht von einem Magneten angezogen werden.
Hinterher wird gemeinsam mit den Kindern besprochen, welche Gegenstände sich anziehen lassen, d. h. magnetisch sind, und welche nicht. Es kann auch erarbeitet werden, ob es hier Gemeinsamkeiten gibt. (Sind bestimmte Materialien magnetisch?)

Hinweis:
Aufbauend dazu eignet sich das Arbeitsblatt auf Seite 23.

2. Experiment: Wer ist der Stärkste?

Material:
1 Hufeisenmagnet, 1 Stabmagnet, 1 Kugel- und 1 Ringmagnet, ein Korb mit vielen Nägeln, Kreppklebeband, Filzstift

Arbeitsanleitung:
Bei diesem Experiment geht es darum herauszufinden, welcher Magnet am stärksten ist. Jeder Magnet wird mit einem Stück Kreppklebeband versehen.
Der erste Magnet wird in die Hand genommen und über den Nagelkorb gehalten. Wenn der Magnet nach oben gezogen wird, bleiben viele Nägel an ihm haften. Diese werden gezählt und die Anzahl der Nägel wird auf dem Klebeband des Magneten vermerkt.
Im Anschluss daran vergleichen die Kinder die Zahlen und sortieren die Magneten vom stärksten bis zum schwächsten.

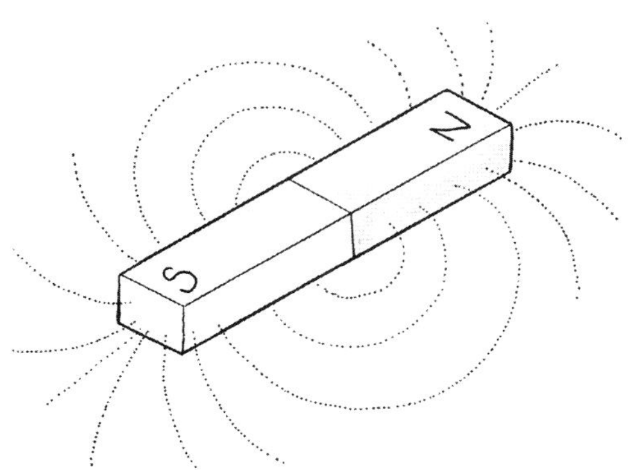

Variante:
In einem weiteren Experiment kann herausgefunden werden, ob auch die Größe des Magneten eine Rolle spielt. Das Experiment wird wie oben durchgeführt. Allerdings wird nur eine Magnetform (z. B. der Stabmagnet) verwendet, der in verschiedenen Größen getestet wird.
Aufbauend dazu eignen sich die Arbeitsblätter „Wer ist der Stärkste?“ auf Seite 24 oder „Welche Form ist am stärksten?“ auf Seite 24.

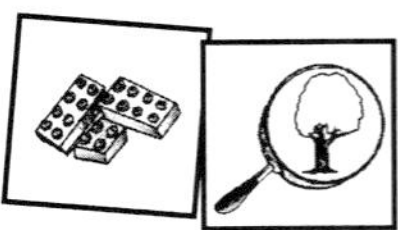

Experimente zum Magnetismus (2) (ab 2 Jahren)

3. Experiment: Mögen oder nicht mögen?

Material:
2 etwas größere Stabmagnete (Nord- und Südpol sollten farbig gekennzeichnet sein), Kreppklebeband, 1 Spielzeugauto (etwa so groß oder größer als der Magnet)

Arbeitsanleitung:
Die Kinder probieren aus, welche Seiten der Magneten sich anziehen und welche sich abstoßen. Sie werden schnell herausfinden, dass sich die gleichfarbigen Seiten abstoßen, während sich die verschiedenfarbigen Seiten anziehen.
Mit dem Klebeband wird einer der Magneten auf dem Dach des Autos befestigt.
Mit dem anderen Magneten wird jetzt das Auto bewegt.
Dabei versuchen die Kinder, einmal das Auto in die Richtung des Magneten zu ziehen, dann in die andere Richtung zu schieben.
Dabei dürfen die Hände natürlich nicht eingesetzt werden, das Auto wird ausschließlich mit Hilfe des Magneten bewegt.

Die fröhlichen Erbsen (ab 2 Jahren)

Material:
1 Glas, getrocknete Erbsen, 1 Gießkanne mit Wasser, 1 Suppenteller aus Porzellan

Arbeitsanleitung:
Das Glas wird auf den Teller gestellt und randvoll mit Erbsen gefüllt. Als Nächstes wird etwas Wasser auf die Erbsen gegossen und abgewartet.

Hinweis:
Die Erbsen saugen sich mit Wasser voll und quellen auf.
Dadurch kullern einige Erbsen herunter und fallen auf den Teller.
So entsteht ein „kicherndes“ Geräusch.
Wenn es aufgehört hat zu kichern, kann wieder etwas Wasser nachgegossen werden.

BVK • Jenny Hütter: Kita aktiv „Meine Gefühle – deine Gefühle“

Mögen oder nicht mögen? (ab 4 Jahren)

Male alle magnetischen Gegenstände an.

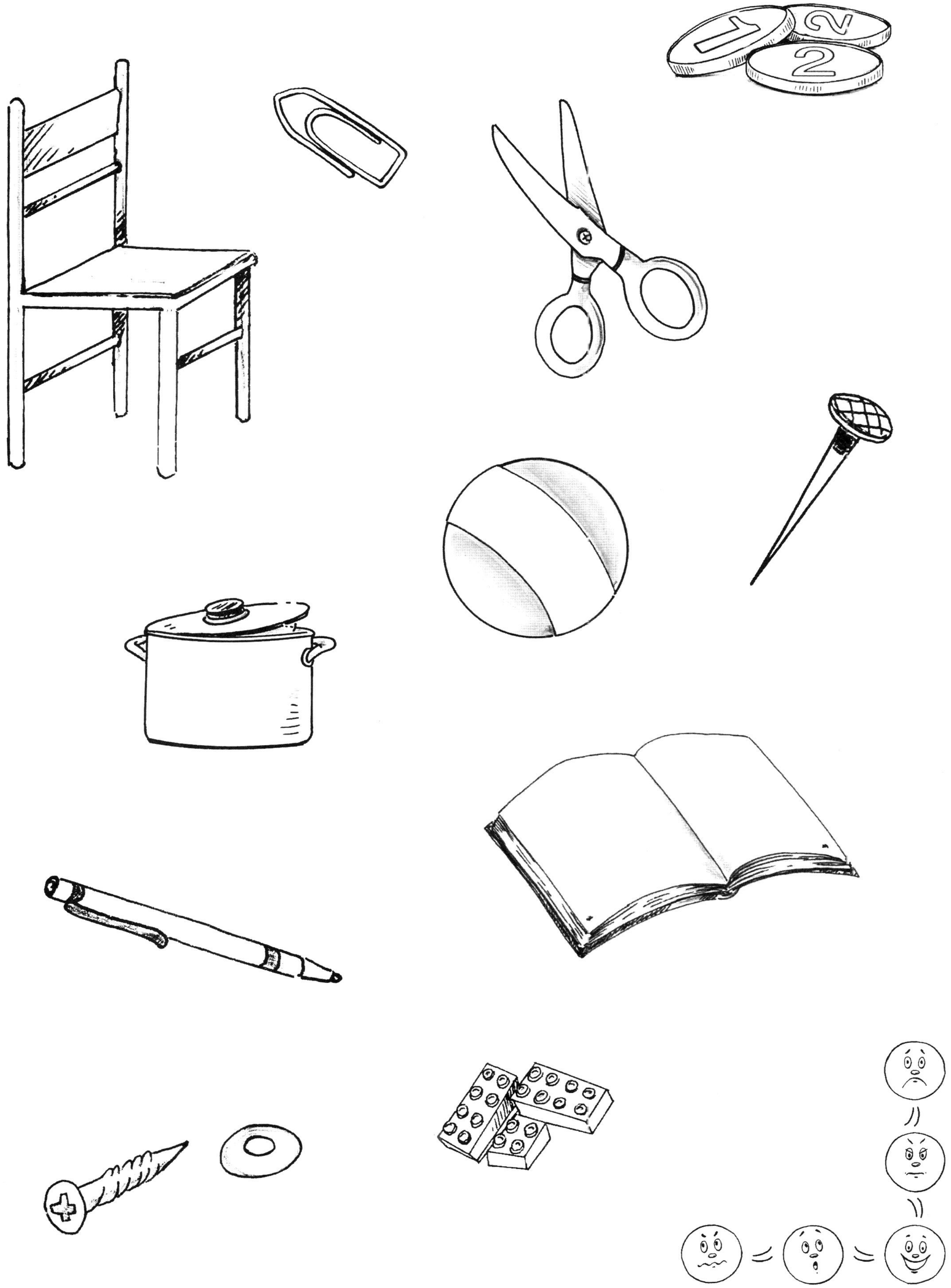

Wer ist der Stärkste? (ab 4 Jahren)

Kennzeichne den stärksten Magneten mit einer 1, den zweitstärksten mit einer 2 …

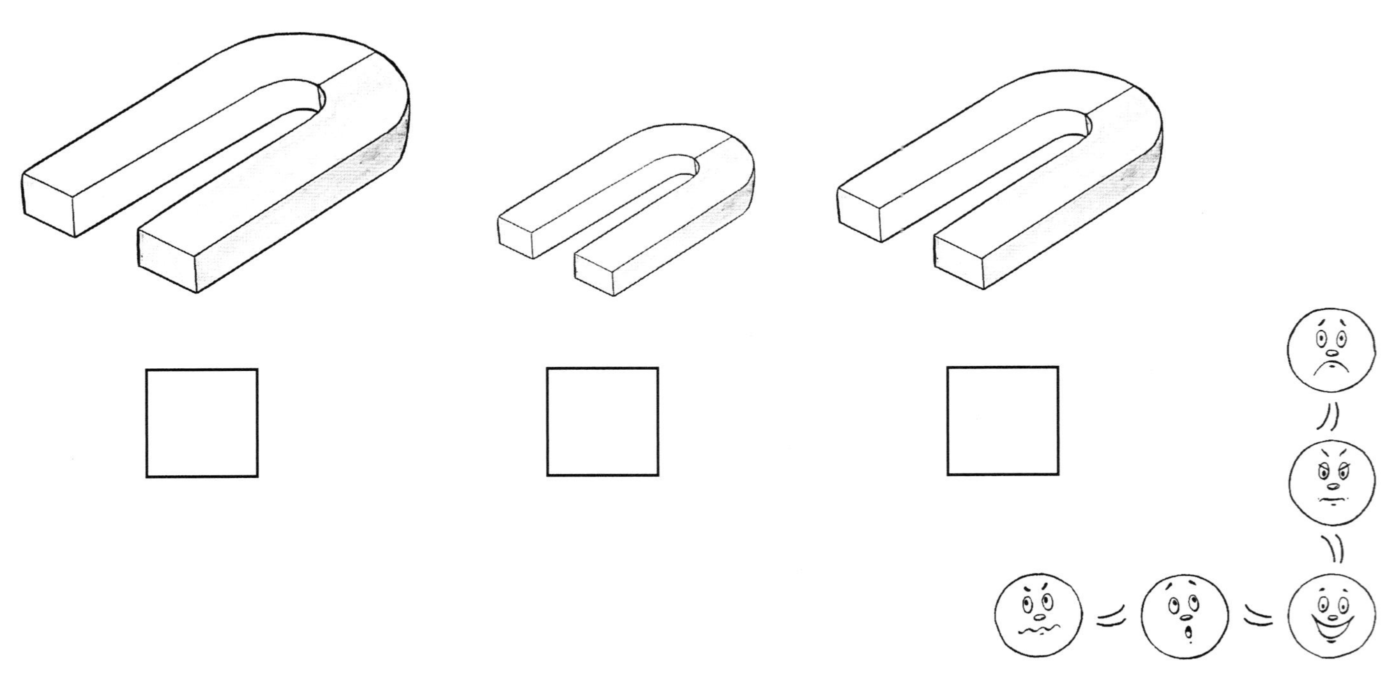

Welche Form ist am stärksten? (ab 4 Jahren)

Kennzeichne den stärksten Magneten mit einer 1, den zweitstärksten mit einer 2 …

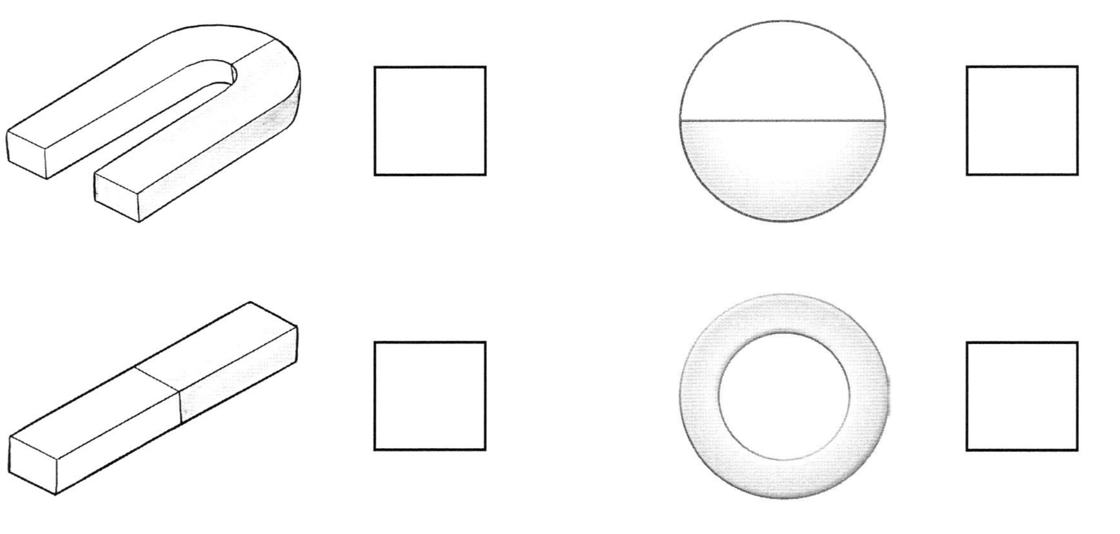

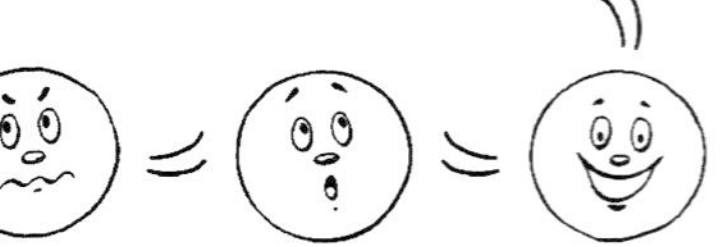

BVK • Jenny Hütter: Kita aktiv „Meine Gefühle – deine Gefühle“

Die hungrige Flasche (ab 4 Jahren)

Material:
1 Saftflasche / Milchflasche aus Glas, 1 hartgekochtes und gepelltes Ei, Herd, 1 Kochtopf mit Wasser, 1 Topfhandschuh, 1 Handtuch, diverse Materialien, mit denen die Kinder die Flasche „füttern" können (z. B. 1-Cent-Münze, Perle, kleiner Würfel, Spielfigur …)

Arbeitsanleitung:

1. Den Kindern wird eine leere Glasflasche gezeigt und erzählt, dass diese fürchterlichen Hunger hat und dringend etwas zu essen benötigt.

2. Dann werden die Kinder gefragt, wer denn der Flasche etwas zu essen geben könnte. Die Kinder werden sicherlich schnell auf die Idee kommen, etwas in die Flasche zu geben. Das können Sie die Kinder ruhig ausprobieren lassen, indem sie diese Materialien aus der Einrichtung zusammentragen und versuchen, damit die Flasche zu „füttern". Die Kinder werden schnell begreifen, dass nur das in die Flasche gegeben werden kann, was kleiner ist als der Flaschenhals.

3. Nun erzählt die Erzieherin den Kindern, dass die Flasche fürchterlichen Hunger auf ein Ei hat. Die Kinder werden gefragt, ob sie sich vorstellen können, dass ein Ei in die Flasche passt. Die Kinder werden dies sicher verneinen.

4. Dann folgt der Versuch: Ein Kochtopf mit Wasser wird auf dem Herd zum Kochen gebracht. Die Flasche wird hineingestellt. Das Handtuch wird, für die Kinder gut sichtbar, ausgebreitet. Wenn der Flaschenhals warm ist, nimmt die Erzieherin die Flasche mit dem Topfhandschuh aus dem heißen Wasser und stellt sie auf das Handtuch. Das gekochte und gepellte Ei wird auf den Flaschenhals gesetzt.

5. Langsam beginnt die Flasche, das Ei zu „essen", indem sie es durch den Flaschenhals herunterzieht.

Hinweis:
Durch das Wasserbad wird die Luft in der Flasche erhitzt. Wenn sie aus dem Wasser herausgenommen wird, kühlt die Luft in der Flasche ab, wodurch sich die Luft zusammenzieht. Da das Ei die Öffnung verschließt, entsteht in der Flasche ein Unterdruck, der das Ei in die Flasche hineinzieht.

Glückskekse (ab 2 Jahren)

(für etwa 25 Kekse)

Zutaten:
125 g Mehl, 1 gestrichener Teelöffel Backpulver, 20 g Puderzucker, 1 Päckchen Vanillezucker, 1 Prise Salz, 1 Ei, 1 Esslöffel Wasser, Fett oder Frittieröl zum Ausbacken, 25 kleine Zettelchen (etwa 3 x 2 cm) mit Wünschen, evtl. etwas Kondensmilch

Arbeitsmittel:
1 Küchenwaage, 1 Teelöffel, 1 Esslöffel, 1 Rührschüssel, 1 Nudelholz, 1 Schaumlöffel, 1 Küchenrolle, 1 Messer, evtl. 1 Backpinsel, 1 Kochtopf, Herd

Vorbereitung:
Im Vorfeld werden die Wunschzettel vorbereitet, die in die Glückskekse gebacken werden sollen. Die Wünsche sollten vorab mit den Kindern besprochen werden und es sollte vor allem gesammelt werden, was man einem anderen Menschen wünschen könnte (z. B. „Ich möchte, dass du nicht mehr traurig bist.“, „Ich wünsche dir einen tollen Tag.“ ...). Dann kann entweder die Erzieherin die Wünsche der Kinder mit Kugelschreiber aufschreiben oder die Kinder malen ihre persönlichen Wünsche mit Buntstiften auf die Zettelchen.

1. Mehl, Backpulver, Puderzucker und das Salz werden in die Rührschüssel gegeben und vermischt.

2. Danach werden der Vanillezucker, das Ei und das Wasser hinzugegeben und mit den Händen verknetet. Der Teig darf weder kleben (dann muss noch etwas Mehl dazugegeben werden) noch darf er zu trocken sein (dann muss noch etwas Wasser zugegeben werden), damit er sich gut ausrollen lässt.

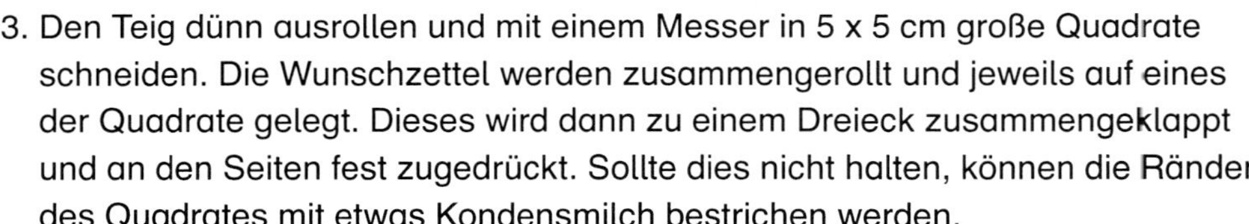

3. Den Teig dünn ausrollen und mit einem Messer in 5 x 5 cm große Quadrate schneiden. Die Wunschzettel werden zusammengerollt und jeweils auf eines der Quadrate gelegt. Dieses wird dann zu einem Dreieck zusammengeklappt und an den Seiten fest zugedrückt. Sollte dies nicht halten, können die Ränder des Quadrates mit etwas Kondensmilch bestrichen werden.

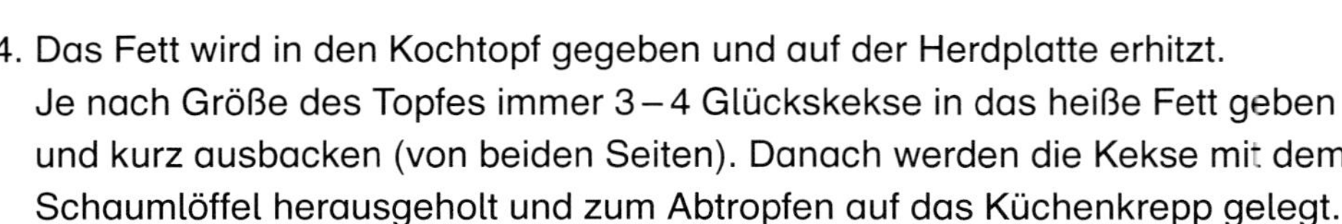

4. Das Fett wird in den Kochtopf gegeben und auf der Herdplatte erhitzt. Je nach Größe des Topfes immer 3 – 4 Glückskekse in das heiße Fett geben und kurz ausbacken (von beiden Seiten). Danach werden die Kekse mit dem Schaumlöffel herausgeholt und zum Abtropfen auf das Küchenkrepp gelegt.

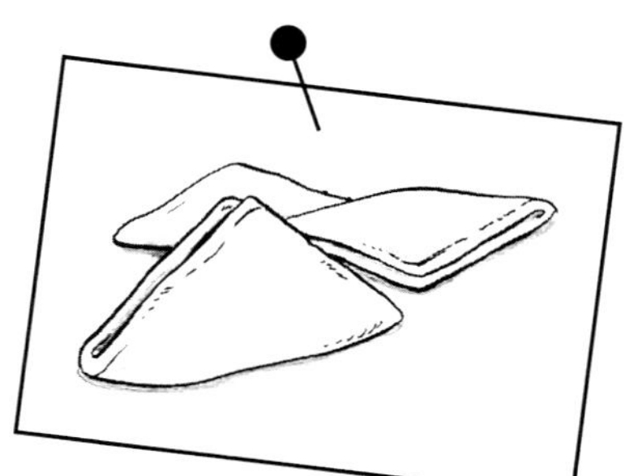

Wie fühlst du dich heute? Gefühle backen (ab 2 Jahren)

(für ca. 25 Gesichter)

Zutaten:
375 g Dinkel-Vollkornmehl, 150 g kalte Butter, 75 g Rohrzucker, 100 g gemahlene Mandeln, 3 Eier, 1 Päckchen Backpulver, 1 Prise Salz, etwas zusätzliches Mehl zum Ausrollen, 250 g weiße Kuvertüre, ca. 200 g Nüsse und Rosinen

Arbeitsmittel:
1 Rührschüssel, 1 Küchenwaage, Klarsichtfolie, 1 Nudelholz, Backofen, 1 Backblech mit Backpapier, 1 Tasse (etwa 8 cm Durchmesser), 1 Topf für das Wasserbad, 1 kleiner Topf für die Kuvertüre, 1 Backpinsel, Kühlschrank

1. Mehl, Butter, Zucker, Mandeln, Eier, Backpulver und Salz in eine Rührschüssel geben.
2. Das Ganze (am besten mit den Händen) zu einem glatten Teig verkneten. Den Teig in Klarsichtfolie wickeln und mind. 1 Stunde in den Kühlschrank legen.
3. Danach wird der Teig auf einer bemehlten Arbeitsplatte ausgerollt. Die Tasse wird als Vorlage verwendet, um 25 Kreise auszustechen. Die Kreise (Köpfe) werden auf ein mit Backpapier ausgelegtes Blech gelegt und bei 200 °C etwa 15 Minuten gebacken (je nach Dicke des Teiges kann die Backzeit variieren).
4. Die weiße Kuvertüre wird im Wasserbad geschmolzen. Die ausgekühlten Gebäck-Köpfe mit der Kuvertüre bestreichen. Zum Schluss wird das Gesicht gestaltet, indem Nüsse oder Rosinen als Augen, Nase und Mund in die noch feuchte Kuvertüre gedrückt werden. Hierbei können die Kinder natürlich selbst überlegen, ob sie ein fröhliches, ein trauriges oder ein wütendes Gesicht gestalten möchten.

Gemüsegesichter (ab 2 Jahren)

Zutaten:
rundes Vollkornbrot, Butter, Aufschnitt (Käse, Schinkenwurst, Salami), frisches Gemüse (Möhren, Kohlrabi, Tomaten, Paprika, Gurke, Radieschen …), frische Kräuter (Petersilie und Schnittlauch)

Arbeitsmittel:
1 Holzbrett, Küchenmesser, Sparschäler, 1 großer Teller für das Gemüse, 1 Schale für die Kräuter, 1 Teller für jedes Kind, 1 Messer für jedes Kind

1. Das Gemüse wird gewaschen, evtl. geschält und in kleine Stücke und Scheiben geschnitten. Diese werden auf einem Teller angeordnet. Die Kräuter werden ebenfalls gewaschen, in Stücke geschnitten und in die Schale gegeben. Je nach Alter der Kinder können diese beim Waschen und Schneiden des Gemüses gut mithelfen.
2. Jedes Kind bekommt nun einen Teller, ein Messer und eine Scheibe Brot. Das Brot stellt den Kopf unseres Gemüsegesichtes dar. Es wird, je nach Geschmack, mit Butter bestrichen und mit einer Scheibe Aufschnitt belegt.
3. Anschließend wird das Gesicht aus dem Gemüse und den Kräutern gestaltet, zum Beispiel Möhrenscheiben als Augen, Kohlrabi als Mund etc.

Das gemeinsame Essen zum Abschluss darf dabei natürlich nicht fehlen!

Bilder-Kopiervorlage von Zutaten und Haushaltsgegenständen

Glückskekse

Wie fühlst du dich heute? Gefühle backen

Gemüsegesichter

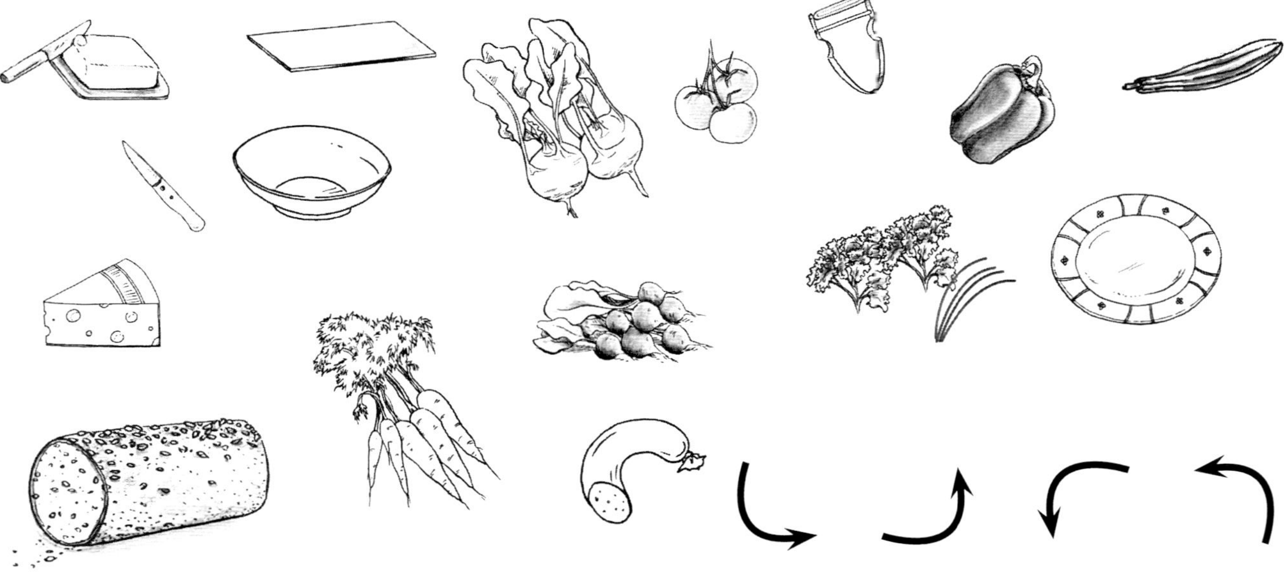

BVK • Jenny Hütter: Kita aktiv „Meine Gefühle – deine Gefühle“

Das Mimikspiel (ab 3 Jahren, für 2–4 Spieler)

Material (zur Vorbereitung):
Mimikplättchen (Vorlage s. S. 30), Spielbrett (Vorlage s. S. 31), 7 Bögen Pappe (DIN A4), Kleber, Scheren, Buntstifte, Mimikwürfel (Vorlage s. S. 16, Anleitung s. S. 15)

Vorbereitung:
Die Vorlage für das Spielbrett wird viermal kopiert, die Vorlage für die Mimikplättchen dreimal. Alle Vorlagen können von den Kindern mit Buntstiften angemalt werden. Anschließend alle Vorlagen auf die Pappbögen kleben und die Mimikplättchen ausschneiden. Der Mimikwürfel wird nach der Anleitung gebastelt.

Material (für das Spiel):
vorbereitete Spielbretter, Mimikplättchen, 1 Mimikwürfel, 1 Zahlenwürfel

Spielregeln:
Jedes Kind erhält ein Spielbrett. Die Mimikplättchen werden mit dem Gesicht nach oben in die Mitte gelegt. Das erste Kind würfelt mit dem Mimikwürfel. Nun gelten folgende Regeln:

- *fröhliches Gesicht:*
  Es wird zusätzlich mit dem Zahlenwürfel gewürfelt. Die entsprechende Anzahl an Mimikplättchen darf aus der Mitte genommen und auf das Spielbrett gelegt werden.

- *trauriges Gesicht:*
  einmal aussetzen

- *wütendes Gesicht:*
  Der Spieler, der gewürfelt hat, muss jedem Mitspieler ein Mimikplättchen von seinem Spielfeld schenken. Sind auf dem Spielbrett noch keine oder nicht genügend Plättchen vorhanden, setzt der Spieler einmal aus.

- *müdes Gesicht:*
  Es darf noch einmal gewürfelt werden.

- *ängstliches Gesicht:*
  Der Spieler, der gewürfelt hat, darf sich von allen Mitspielern je ein Plättchen vom Spielbrett wegnehmen und auf sein Spielfeld legen.

- *erstauntes Gesicht:*
  Der Spieler darf sich fünf Plättchen aus der Mitte nehmen und auf sein Spielbrett legen.

Es gewinnt der Spieler, der sein Spielbrett als Erster voll hat.

Kopiervorlage „Mimikplättchen“

Kopiervorlage „Spielbrett“

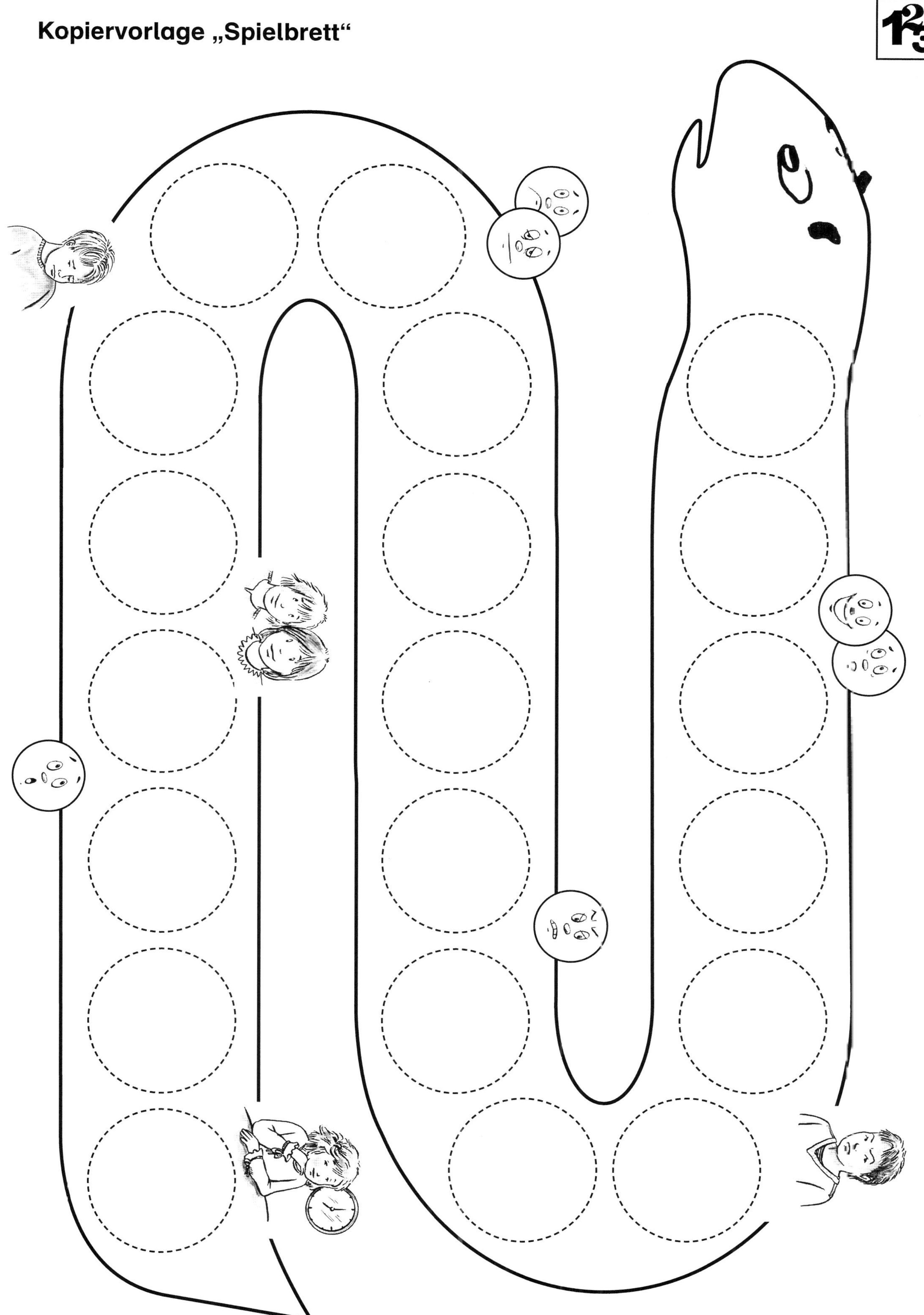

Spiel: Richtig zählen (ab 4 Jahren)

Material:
10 leere Dosen (z. B. Filmdosen, Joghurtbecher o. Ä.), 2 Kopien der Mimikplättchen (Vorlage s. S. 30), Folienstift, Buntstifte, Kleber, Pappe, 1 Schere

Vorbereitung:
Die Dosen werden mit den Zahlen von 1–10 beschriftet. Zur Erleichterung für jüngere Kinder kann auch die entsprechende Anzahl an Punkten danebengemalt werden.
Die Mimikplättchen werden mit Buntstiften angemalt und auf Pappe geklebt. Anschließend werden sie ausgeschnitten.

Spielmöglichkeit:
Die Kinder sortieren die entsprechende Anzahl von Mimikplättchen in die Dosen.

Zahlenspaß (ab 4 Jahren)

Material:
1 – 2 Zahlenwürfel, 1 Kopie der Mimikplättchen (Vorlage s. S. 30), 1 Schere, Kleber, Buntstifte, Pappe, evtl. Muggelsteine

Vorbereitung:
Die Mimikplättchen werden kopiert, mit Buntstiften angemalt und auf Pappe geklebt. Anschließend werden sie ausgeschnitten.

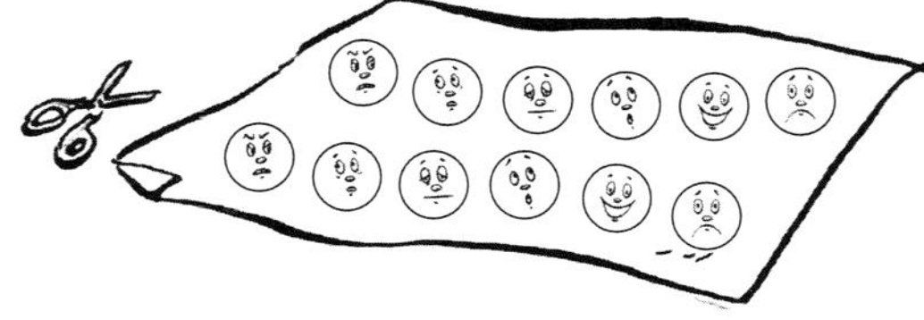

Spielmöglichkeit:
Die Mimikplättchen werden in die Mitte des Tisches gelegt. Ein Kind würfelt. Nun greifen alle Kinder schnell nach den Plättchen. Wer als Erster die gewürfelte Anzahl an Mimikplättchen vor sich liegen hat, der hat die Runde gewonnen und erhält – falls ein Kind am Ende gewinnen soll – einen Muggelstein.
Bei älteren Kindern kann das Spiel durch zwei Zahlenwürfel erschwert werden.

Theaterstück „Von einem, der auszog, das Fürchten zu lernen“ (1)

(nach den Gebrüdern Grimm)

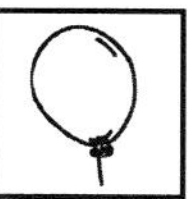

Requisiten:
2 Leinen für die „Pferde“, 1 Decke, 1 Kopfkissen, 1 Kinderbett, 2 Paar Klanghölzer, 1 Schellenkranz, 1 Eimer (evtl. mit Konfetti o. Ä. gefüllt), 1 Krone
gebastelt werden muss (Anleitungen s. S. 36):
1 Gespensterkostüm, Geldscheine, 1 Kutsche, 1 Schloss (Hintergrundkulisse), 1 Turm (Hintergrundkulisse), 1 Schatzkiste

Vorbereitung:
Lesen Sie den Kindern die Geschichte vor, überlegen Sie sich gemeinsam Kostüme und Kulissen und stellen Sie diese zusammen her (s. auch S. 36). Verteilen Sie anschließend die verschiedenen Rollen.

Rollenverteilung:
Hannibal, Vater, Egon, Fuhrmann, Pferde (2 Kinder), König, Gespenst, Carla, Gespenstergeräusche (3 Kinder)

Hinweis:
Sie benötigen einen Erwachsenen, der die Geschichte vorliest, und einen, der die Kinder begleitet und notfalls Hilfestellung gibt, wann wer dran ist und was gemacht werden soll. Die fettgedruckten Textstellen können die Kinder in den jeweiligen Rollen auch selbst sprechen (je nach Alter und Entwicklungsstand der Kinder), ansonsten hilft der Erzähler. Regieanweisungen sind kursiv gedruckt. Das Theaterstück eignet sich gut, um es den Eltern zum Abschluss des Projektthemas vorzuführen.

Geschichte:
Der Vater, Hannibal und Egon stellen sich auf die Bühne.

Erzähler: Es war einmal ein alter Mann, der zwei Söhne hatte. Der ältere, Egon, war klug und fleißig. Der jüngere, Hannibal, saß meist in einer Ecke herum und tat nichts.

Vater: **Hannibal, auch du musst einmal etwas lernen, womit du dein Brot verdienen kannst. Schau dir nur deinen Bruder an, wie fleißig und klug er ist. Nimm dir ein Beispiel an ihm.**

Hannibal: **Ja Vater, ich will ja auch etwas lernen.**

Erzähler: Und Hannibal erzählte seinem Vater, dass er endlich einmal lernen wollte, wie es sich anfühlt, wenn es einen gruselt. Ständig höre er Menschen, die davon sprächen, dass es ihnen grusele, aber er habe dies noch nie erlebt. Der Vater seufzte und antwortete:

Vater: **Nun denn, das Gruseln sollst du schon noch lernen, aber davon wirst du nicht leben können. Hier hast du Geld** *(gibt ihm die Geldscheine).* **Ziehe damit in die Welt hinaus und lerne meinetwegen, was Gruseln ist, aber versuche auch, etwas Vernünftiges zu lernen.**

Erzähler: Und so ging Hannibal davon *(Vater und Egon verlassen die Szene, Hannibal läuft über die Bühne)* und folgte der alten Landstraße, ohne zu wissen, wohin sie ihn führte. Dabei sprach er immer wieder vor sich hin:

Hannibal: **Ach, wenn es mich doch nur gruseln würde. Ach, wenn es mich doch nur gruseln würde …**

Erzähler: Irgendwann überholte ihn ein Fuhrwagen. Der Fuhrmann hörte, was Hannibal da sprach und hielt neben ihm an.

Der Fuhrmann betritt mit seinem Doppelgespann (Kutsche), das von je einem Pferd gezogen wird, die Szene.

Theaterstück „Von einem, der auszog, das Fürchten zu lernen" (2)

Fuhrmann: **Was höre ich da, du willst das Gruseln lernen?**

Hannibal: **Ja genau!**

Fuhrmann: **Dann steig ein, da habe ich eine Idee, wie man dir das Gruseln beibringen kann.**

Hannibal steigt ein und sie fahren über die Bühne.

Erzähler: Und so stieg Hannibal gut gelaunt mit auf den Fuhrwagen. Unterwegs erzählte ihm der Fuhrmann, dass es in der Nähe ein Schloss gäbe. Der König habe neben dem Schloss einen großen Turm, den aber schon seit Hunderten von Jahren keiner mehr betreten habe, weil es dort spuke und alle Angst davor hätten. Der König habe demjenigen, der es schafft, eine Nacht in dem Turm zu schlafen, und damit den Fluch, der auf dem Turm lastete, aufzuheben, versprochen, dass er eine seiner drei Töchter zur Frau nehmen dürfe. Dazu gäbe es Gold und Silber in solchen Mengen, dass kein Mensch das Geld jemals ausgeben könnte. Hannibal dachte bei sich, dass dies genau das Richtige für ihn sei. An der nächsten Wegkreuzung hielt der Fuhrmann an und sagte Hannibal, dass er von nun an nur noch diesen Weg langgehen müsse, um bei dem Schloss auszukommen.

Hannibal steigt aus der Kutsche, der Fuhrmann verlässt die Szene. Hannibal wandert allein über die Bühne.

Erzähler: Einige Stunden später kam Hannibal am Schloss an.

Das Schloss wird auf die Bühne gestellt, der König trägt seine Krone auf dem Kopf, betritt die Szene und stellt sich vor das Schloss.

Erzähler: Er ging direkt zum König und erzählte ihm von seinem Vorhaben. Sie gingen ein Stück *(in der Zeit wird das Schloss weggestellt und der Turm auf die Bühne geholt)*, dann kamen sie an dem „verfluchten" Turm an. Hannibal betrat ihn ohne zu zögern. Als es Abend wurde, legte Hannibal sich zum Schlafen nieder. Als er aber gerade einschlafen wollte, hörte er plötzlich ein lautes Poltern um sich herum.

Die zwei Kinder mit den Instrumenten machen Gespenstergeräusche (heulen, rappeln mit dem Schellenkranz, schlagen Klanghölzer gegeneinander).

Erzähler: Hannibal setzte sich auf und blickte sich um, konnte aber nichts sehen.

Hannibal: **Wo mag das nur herkommen?**

Erzähler: Dann hörte Hannibal auf einmal ein Geräusch, als würde jemand vor Schmerzen schreien.

Eines der Kinder mit den Instrumenten schreit laut auf.

Erzähler: Es war aber außer Hannibal niemand im Schlossturm. Auf einmal fegte ein weißes Etwas blitzschnell an Hannibal vorbei. *(Das Gespenst huscht vorüber.)*

Hannibal: **Nanu, wer bist denn du?**

Gespenst: **Huhuhuhu ...**

Das Gespenst tut so, als würde es Hannibal Angst machen wollen.

Erzähler: Ein Gespenst war es, das da so polterte und an Hannibal vorbeiflitzte. Und Hannibal hatte keine Angst wie all die anderen vor ihm. Nein, Hannibal war nur neugierig, denn wer bekommt schon mal ein richtiges Gespenst zu sehen?

Theaterstück „Von einem, der auszog, das Fürchten zu lernen“ (3)

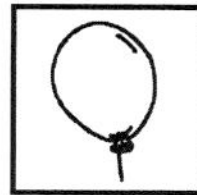

Hannibal: **Nun warte doch mal, verschwinde nicht gleich wieder. Wer bist du?**

Erzähler: Das Gespenst hörte auf umherzuschwirren und blieb vor Hannibal stehen.

Gespenst: **Wieso hast du keine Angst? Alle haben Angst vor mir und verschwinden schon, wenn ich anfange zu poltern!**

Hannibal: **Warum sollte ich Angst haben? Du tust mir doch nichts und schwirrst nur hier umher.**

Gespenst: **Ja schon, ich habe mich ja auch immer gewundert. Dabei wollte ich eigentlich immer nur mit den Leuten reden und ihnen sagen, dass ich ihnen nichts tue. Es ist schließlich ganz schön langweilig hier allein.**

Erzähler: Und so redeten Hannibal und das Gespenst die ganze Nacht hindurch. Hannibal erfuhr, dass Gespenster nur in der Nacht erscheinen, tagsüber schlafen sie und dass das Gespenst den Turm nicht verlassen kann, da ein Fluch auf ihm laste. Alle anderen Gespenster hätten mittlerweile den Turm verlassen und würden woanders herumspuken, aber er könne hier nicht weg. Hannibal hörte aufmerksam zu, aber nach einiger Zeit wurde er müde.

Hannibal gähnt, legt sich zum Schlafen hin, das Gespenst verlässt die Szene.

Erzähler: Am nächsten Morgen war das Gespenst verschwunden und Hannibal blieb allein zurück.

Hannibal wacht auf und verlässt die Szene. Der Turm wird weggestellt, das Schloss hingestellt. Hannibal und der König betreten die Szene und stellen sich vor das Schloss.

Erzähler: Er ging zum König und berichtete ihm, was in der Nacht geschehen sei.

Hannibal: **Aber das Gruseln habe ich immer noch nicht gelernt.**

Erzähler: Der König aber hielt sein Versprechen, er gab ihm eine seiner Töchter zur Frau und Gold und Silber in solchen Mengen, dass Hannibal gar nicht wusste, wohin damit. Der König rief seine Tochter Carla zu sich.

Carla betritt mit der Schatzkiste die Szene.

Erzähler: Nach der Hochzeit zogen sie in den Turm, in dem das verwunschene Gespenst lebte. Und dieses war sehr froh, nun endlich wieder Gesellschaft zu haben.

Alle verlassen die Szene, das Schloss wird weggeräumt, der Turm und das Bett mit Decken und Kopfkissen werden hingestellt. Hannibal und Carla betreten die Szene und stellen sich vor den Turm.

Erzähler: Als Hannibal und seine Frau Carla ihre erste Nacht in dem Turm verbrachten, beschloss Carla, dass es nun an der Zeit sei, dass Hannibal das Gruseln lerne. *(Hannibal und Carla legen sich zum Schlafen hin.)* Mitten in der Nacht schlich sie sich aus dem Bett … *(Carla holt einen Eimer.)* und kehrte mit einem Eimer mit eiskaltem Wasser zurück. Diesen schüttete sie über Hannibal. *(Carla schüttet den Eimer aus.)* Hannibal erwachte schreiend und rief:

Hannibal: **Ach, was gruselt es mich, was gruselt es mich!**

Erzähler: Lächelnd stand Carla neben dem Bett und sprach:

Carla: **So, nun weißt du, was Gruseln ist, nicht wahr?**

Kostüme und Requisiten

Gespensterkostüm
Material:
1 weißes Bettlaken, 1 Filzstift, 1 Schere, 1 weiße Schnur

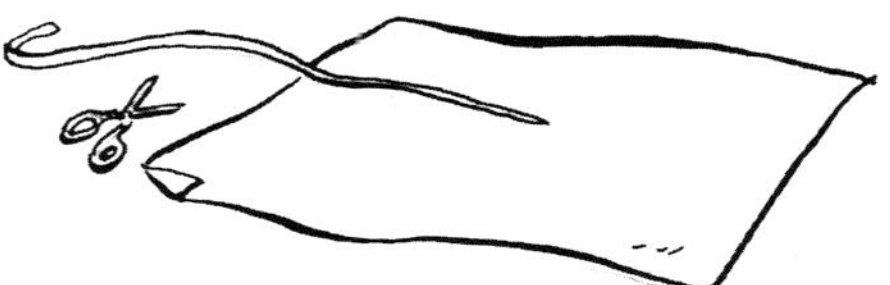

Arbeitsanleitung:
Das Bettlaken wird über das Kind gelegt. Auf Augenhöhe werden vorsichtig zwei Sehschlitze markiert und später ausgeschnitten. Evtl. muss, je nach Größe des Bettlakens, auch unten etwas von dem Laken abgeschnitten werden, damit das Gespensterkind nicht darüber stolpert. Um die Taille herum wird die weiße Schnur verknotet, damit das Bettlaken nicht herunterrutscht.

Geldscheine
Material:
weißes Papier, Wachsmalstifte, 1 Schere

Arbeitsanleitung:
Das weiße Papier wird in ca. 15 x 7 cm große Stücke geschnitten. Die Kinder können die Scheine anschließend mit den Wachsmalstiften anmalen (evtl. den Kindern einen Geldschein als Vorlage geben).

Kutsche
Material:
2 Rollbretter, 2 Seile, 2 große Pappkartons (so groß, dass jeweils ein Kind darin sitzen kann), Fingerfarben, 1 Becher mit Wasser, Kittel, 1 Schere

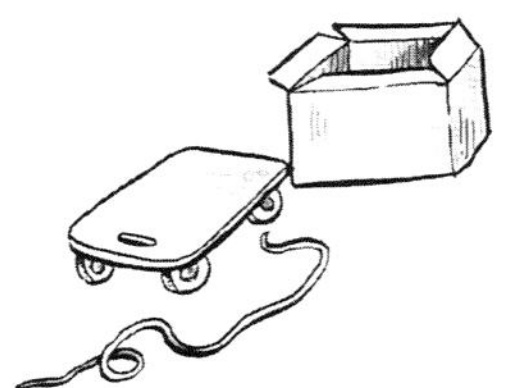

Arbeitsanleitung:
Von den Pappkartons werden die Deckel abgeschnitten. Anschließend werden die Kartons von den Kindern mit der Fingerfarbe bemalt. Dann müssen sie trocknen. An die Rollbretter wird je ein Seil geknotet (dieses bekommt jeweils das Kind in die Hand, welches das Pferd spielt) und die bemalten und getrockneten Pappkartons werden je auf ein Rollbrett gestellt.

Schloss
Material:
große Pappe, Fingerfarben, 1 Becher mit Wasser, Kittel

Arbeitsanleitung:
Auf die Pappe wird ein großes Schloss gemalt.

Turm
Material:
große Pappe, Fingerfarben, 1 Becher mit Wasser, Kittel

Arbeitsanleitung:
Auf die Pappe wird ein großer Turm gemalt.

Schatzkiste
Material:
1 kleiner Schuhkarton, verschiedene goldene und glitzernde Folien oder Papiere (für einen goldenen Schuhkarton eignet sich die Rettungsdecke aus dem Erste-Hilfe-Kasten sehr gut zum Bekleben – aber den Kasten dann unbedingt wieder auffüllen!), 1 Schere, Kleber

Arbeitsanleitung:
Die Folie oder das Papier wird in unterschiedlich große Stücke geschnitten und an den Schuhkarton geklebt.

BVK • Jenny Hütter: Kita aktiv „Meine Gefühle – deine Gefühle“

Wortgottesdienst zum Thema „Ich freue mich“ (1)

Material:
1 Pinnwand, selbst gemalte Bilder der Kinder zum Thema „Freude“, Heftzwecken

Vorbereitung:
Einige Kinder malen ein Bild zum Thema „Ich freue mich, wenn ...“.
Die Pinnwand wird neben den Altar gestellt, sodass sie für die Gemeinde gut sichtbar ist.

Lied zum Einstieg:
„Wir fangen an, fröhlich zu sein“ (Text: Rolf Krenzer/Musik: Detlev Jöcker, in: Das Liederbuch zum Umhängen 1. 100 der schönsten religiösen Kinderlieder, Menschenkinder Verlag 1989)

Hinführung zum Thema:
Die Gottesdienstleitung begrüßt die Gemeinde und spricht einige einleitende Worte:
„In unserem Gottesdienst heute wollen wir uns mit dem Thema ‚Gefühle‘ beschäftigen. Vor allem geht es um das schöne Gefühl, sich zu freuen. Auch Gott möchte, dass wir uns am Leben und an seiner Schöpfung erfreuen können. Deshalb ist er bei uns und begleitet uns auch in schweren Zeiten, wenn wir uns einmal nicht so sehr freuen können. Wann wir uns im Leben freuen und was wir dafür brauchen, dazu haben uns einige Kinder ein Bild gemalt.“
Die Kinder, die ein Bild gemalt haben, bringen dieses nacheinander nach vorn zum Altar. Dort werden die Bilder von der Gottesdienstleitung an die Pinnwand geheftet. Währenddessen darf jedes Kind in das Mikrofon sprechen und sagen, was es gemalt hat, zum Beispiel:
„Ich habe gemalt, wie Lena mit mir gespielt hat, als sonst keiner mit mir spielen wollte. Darüber habe ich mich sehr gefreut.“
„Ich habe gemalt, wie Lukas und ich uns nach unserem Streit wieder vertragen haben. Darüber habe ich mich sehr gefreut.“

Lesung:
Jesaja 35, 1 – 6

Lied:
„Kindermutmachlied“ (Text und Melodie: Andreas Ebert, in: Das Kindergesangbuch, Claudius Verlag, München 2018)

Vertiefung des Themas – Das Märchen vom einsamen Prinzen:
Es war einmal ein wunderschönes Königreich. In diesem Königreich wohnten der König und seine wunderschöne Königin. Sie hatten einen Sohn. Siggi war fünf Jahre alt und der ganze Stolz seiner Eltern. Er war das einzige Kind des Königspaares und die beiden liebten ihren Siggi sehr. Sie hatten ihn so lieb, dass Siggi alles bekam, was er sich wünschte. Jeder Wunsch wurde ihm sofort erfüllt. So kam es, dass Siggi drei Zimmer hatte, in denen sein ganzes Spielzeug untergebracht war. Wollte Siggi eine neue Spielzeugeisenbahn, so bekam er diese sofort. Wünschte er sich eine Ritterrüstung, so bekam er auch diese, sogar mit einem Pferd dabei. Und das, obwohl Siggi in seinem ganzen Leben noch nie geritten war, und er sogar ein bisschen Angst vor Pferden hatte. Eigentlich müsste man meinen, Siggi wäre das glücklichste Kind auf der ganzen Welt. Aber irgendwie war dem gar nicht so. Siggi war ein trauriges Kind, er langweilte sich oft und wusste mit dem ganzen Spielzeug eigentlich gar nichts recht anzufangen. Oft saß Siggi einfach nur am Fenster und schaute nach unten in den Hof. Dort beobachtete er Flip und Marvin, die Söhne von einem Stallknecht und einer Magd, die auf dem Königsschloss arbeiteten.
Siggi fragte sich oft, warum die beiden immer so fröhlich wirkten, obwohl sie eigentlich nie richtiges Spielzeug hatten. Als er seine Eltern auf die beiden ansprach, meinten sie nur, dass ein Prinz wie er nicht mit solchen Kindern spielen dürfe. Die Kinder von Königen sollten auch nur mit Königskindern spielen. Und außerdem habe er so viele Spielsachen, da bräuchte er sich nicht mit anderen Kindern abzugeben.

Wortgottesdienst zum Thema „Ich freue mich“ (2)

Also sah Siggi weiterhin nur aus der Ferne zu. Seine Eltern hatten ja gut reden, andere Königskinder … Schließlich wohnte die nächste Königsfamilie über eine Tagesreise entfernt. Irgendwann war Siggi so neugierig, dass er es einfach nicht mehr aushielt. Er wollte unbedingt die beiden anderen Kinder kennenlernen.
Als der König und die Königin einmal nicht auf Siggi achteten, weil alle dachten, er säße in einem seiner Zimmer, da schlich Siggi sich heimlich nach draußen auf den Hof. Heute spielten Flip und Marvin Fangen. Als die beiden Siggi sahen, blieb ihnen vor Schreck der Mund offen stehen. Den Königssohn sahen sie sonst immer nur aus der Ferne. Sie beneideten ihn um seine ganzen schönen Spielsachen, die er immerzu bekam. Sie selber hatten eigentlich gar keine Spielsachen. Außer vielleicht ihre selbst gebauten Schwerter. Die hatten sie sich aus Ästen gebastelt.
Siggi lief gleich auf sie zu und sagte: „Immerzu beobachte ich euch aus meinem Fenster und ihr seht so fröhlich aus. Könnt ihr mir zeigen, wie ich fröhlich werden kann?“ Marvin fragte ihn: „Aber warum bist du nicht fröhlich? Bei dem ganzen Spielzeug, das du immer bekommst, musst du doch das fröhlichste Kind auf der ganzen Welt sein!“
„Was bringt mir das ganze Spielzeug, wenn ich keinen habe, der mit mir spielt?“, entgegnete Siggi.
„Na, das können wir ändern“, rief Flip und lachte. „Kommt mit, ich zeige euch meine Sachen“, sagte Siggi. Zusammen schlichen die drei nach oben und Siggi zeigte ihnen alle seine Spielsachen. „Wow“, staunten Flip und Marvin, als sie alles gesehen hatten. „Aber jetzt lass uns doch endlich etwas zusammen spielen.“
Am Ende spielten die drei den ganzen Nachmittag gemeinsam. Das Spielzeug geriet dabei vollkommen in Vergessenheit. Irgendwann tauchten der König und die Königin auf, um nach Siggi zu sehen. Sie staunten nicht schlecht, als sie bereits auf der Treppe ihren Siggi aus vollem Halse lachen hörten. Zuerst waren sie gar nicht damit einverstanden, dass Siggi mit Kindern von einem Stallburschen und einer Magd spielte, aber dann sahen auch sie, dass Siggi noch nie so fröhlich gewesen war wie an diesem Nachmittag. Und dass das ganze Spielzeug nichts im Vergleich zu guten Freunden war die es schafften, einen zum Lachen zu bringen.
Von nun an waren die drei Kinder ständig gemeinsam unterwegs und hatten bei ihren Spielen immer viel Spaß und Freude.

Gebet:
Guter Gott, wir danken dir dafür, dass du uns jeden Tag aufs Neue einen Grund schenkst, uns an deiner Schöpfung zu erfreuen. Hilf uns dabei, anderen Menschen Freude und Fröhlichkeit zu schenken. Amen.

Segensspruch (aus Ägypten): Der Herr segne dich
Er erfülle deine Füße mit Tanz und deine Arme mit Kraft.
Er erfülle dein Herz mit Zärtlichkeit und deine Augen mit Lachen.
Er erfülle deine Ohren mit Musik und deine Nase mit Wohlgerüchen.
Er erfülle deinen Mund mit Jubel und dein Herz mit Freude.
Er schenke dir immer neu die Gnade der Wüste: Stille, frisches Wasser und neue Hoffnung.
Er gebe uns allen immer neu die Kraft, der Hoffnung ein Gesicht zu geben.
Es segne dich der Herr.

Schlusslied:
„Guter Gott, dankeschön“ (Text und Melodie: Andreas Ebert, in: Das Kindergesangbuch, Claudius Verlag, München 2018)

Welches Gesicht ist gleich? (ab 3 Jahren)

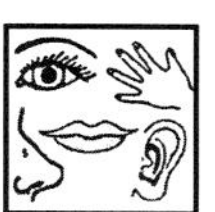

Male an.

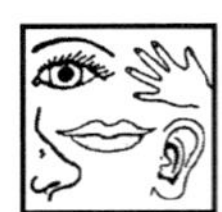

Welche Gefühle verbindest du damit? (ab 4 Jahren)

Male in die Kästchen neben den Bildern ein lachendes, trauriges oder wütendes Gesicht – je nachdem, welches Gefühl du mit dem Bild verbindest!

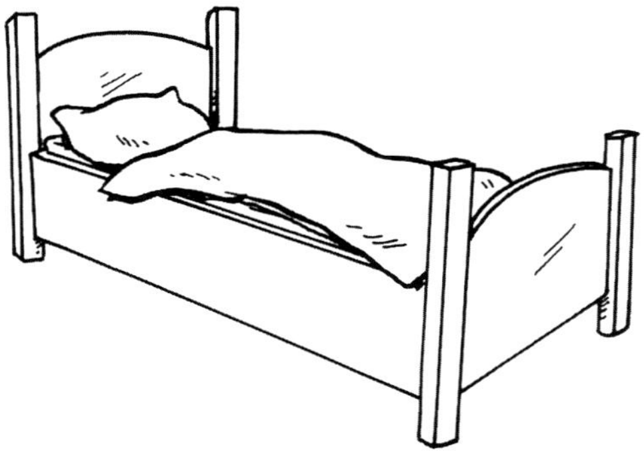

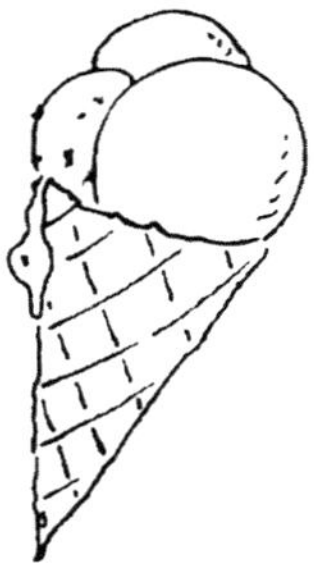

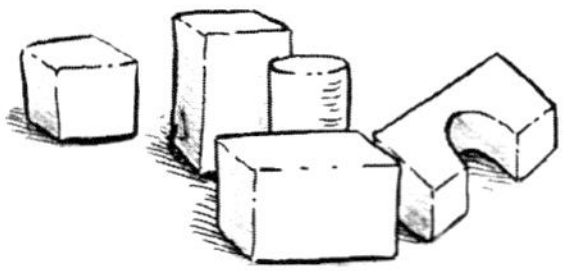

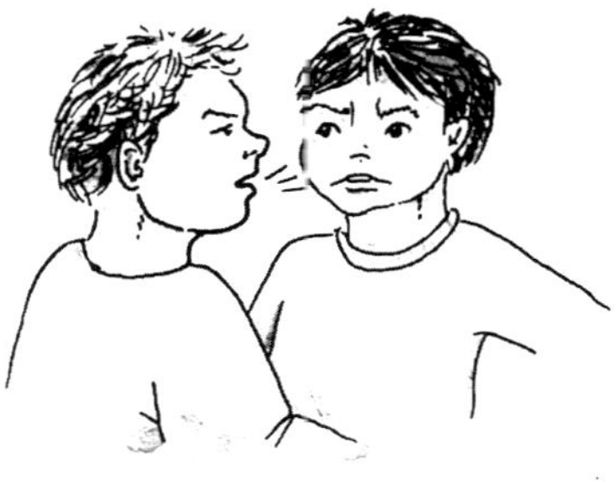

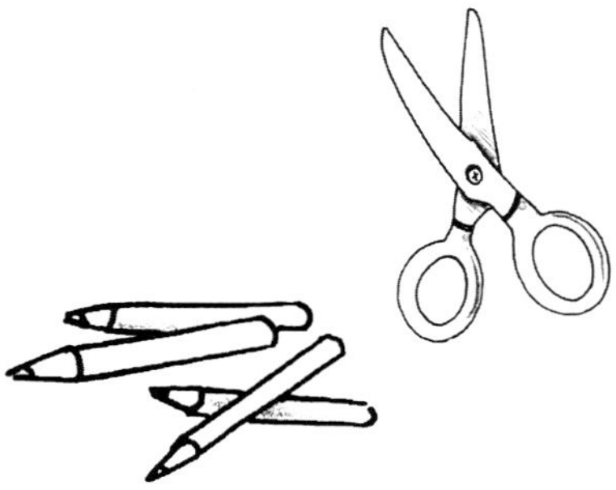

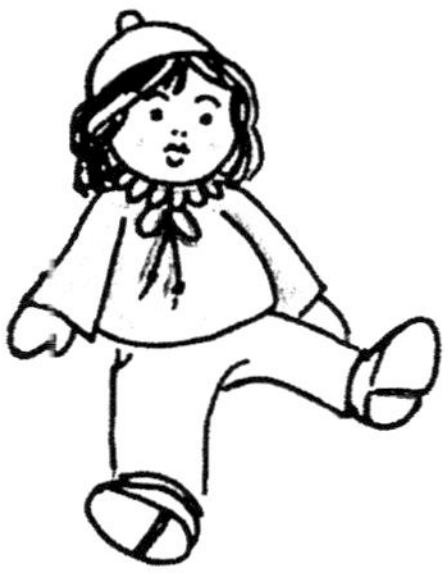

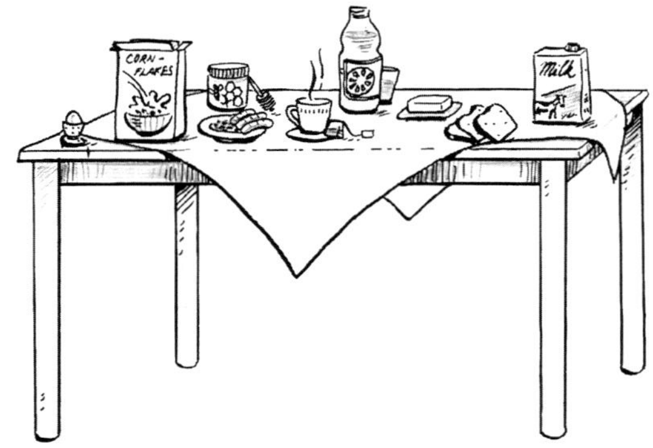

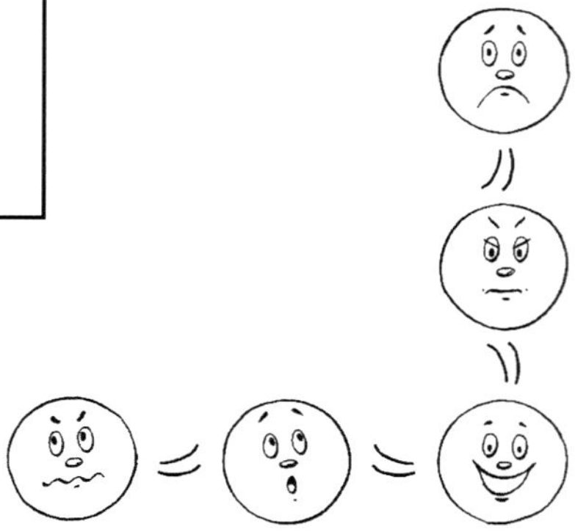

BVK • Jenny Hütter: Kita aktiv „Meine Gefühle – deine Gefühle“

Was macht dich fröhlich? (ab 4 Jahren)

Male in die Kästchen jeweils eine Sache, die dich fröhlich, traurig und wütend macht!

Fantasiereise „Der wunderbare Ton“ (ab 3 Jahren)

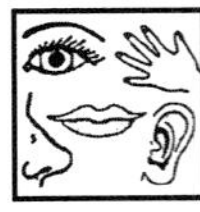

Material:
Gymnastikmatten (für jedes Kind eine), 1 Klangschale

Hinweis:
Die drei Pünktchen in der Geschichte markieren jeweils eine Erzählpause.
Bei * wird die Klangschale angeschlagen.

Geschichte:
Stelle dir vor, du bist in deinem Kinderzimmer. Du bist wütend … Du spürst ein Grummeln in deinem Bauch und möchtest am liebsten weinen. Immer wieder siehst du vor deinem inneren Auge, worüber du dich ärgerst …
Eigentlich möchtest du gar nicht wütend sein, aber was du auch versuchst, irgendwie bleibt dieses seltsame Gefühl im Bauch da und verschwindet nicht …
Auf einmal hörst du einen Ton * ...
Er ist ganz leise, aber er macht dich neugierig. Du selbst wirst ganz leise und ruhig, um den Ton noch einmal zu hören. Da ist er wieder * …, dieses Mal hörst du ihn schon besser. Du legst dich entspannt hin und wirst noch leiser … So leise, dass du sogar deinen Atem hören kannst … Da erklingt der Ton wieder, dieses Mal länger * …
Es ist ein wunderschöner Ton. Er bringt dich dazu, dich zu entspannen und einfach nur dazuliegen und dem Ton zu lauschen * …
Deine Wut siehst du wie eine kleine, graue Gewitterwolke davonschwirren. Sie steigt hoch und höher, bis du sie irgendwann gar nicht mehr siehst …
Und auf einmal merkst du, dass dieses seltsame Bauchgefühl, dieses Grummeln und Rumoren verschwunden ist. Wie weggeblasen … Du fühlst dich frei und entspannt, dir geht es gut *.
Langsam verklingt der wunderbare Ton und du kehrst mit deinen Gedanken wieder hierher, in den Kindergarten, zurück.

Anschließendes Gespräch:
Nach der Fantasiereise kann ein Kreisgespräch stattfinden, in dem die Kinder über ihre Erlebnisse mit diesem Gefühl berichten können.

Mögliche Fragen sind:
- Wann warst du schon einmal wütend?
- War es ein angenehmes oder unangenehmes Gefühl?
- Wie ging es dir mit diesem Gefühl?
- Wie ging dieses Gefühl wieder weg?
- …

Spielekette „Im Land der Gefühle“ (1) (ab 4 Jahren)

Material:
2 Weichbodenmatten, 4 Gymnastikmatten, Kreppklebeband, 2 Langbänke, 2 Rollbretter, Gegenstände zum Massieren (jeweils zwei), zum Beispiel Igelbälle, Sandsäcke, Tücher etc., 1 Schwungtuch

Hinweis:
Die Spiele müssen nicht alle gespielt werden, man kann natürlich auch eine kleinere Auswahl treffen.

Durchführung:
Die Erzieherin sagt den Kindern zur Einführung, dass sie heute einen Ausflug in das Land der Gefühle machen. Dabei gibt es das „Vertrau-mir-Land“, das „Lustige Land“, das „Wutland“ und das „Wohlfühlland“. Zu Beginn der Reise geht es ins „Vertrau-mir-Land“. Dazu stellen sich alle Kinder hinter der Erzieherin auf und fassen sich an den Hüften an. Nach einer schnellen Runde durch die Halle (bei der natürlich kein Kind verlorengehen darf) sind alle im „Vertrau-mir-Land“ angekommen. Hier warten nun folgende Spiele auf die Kinder:

1. Mattenklatsch:
Die Erzieherin stellt eine Weichbodenmatte hochkant auf und hält sie fest. Jeweils 4 – 5 Kinder stellen sich vor die glatte Seite der Matte und zwar so, dass Bauch und Fußspitzen direkt an die Matte stoßen. Das Gesicht wird zur Seite gedreht, sodass die Wange an der Matte liegt (Brillenträger nehmen für dieses Spiel die Brille ab). Auf ein Kommando hin lässt die Erzieherin die Matte fallen, sodass die Kinder auf die Matte fallen.

2. Das Riesensandwich:
Eine Weichbodenmatte wird auf den Boden gelegt. Alle Kinder, die zum „Belag“ gehören wollen, legen sich auf die Matte und zwar so, dass ihr Kopf hinausschaut. Dann wird das Sandwich mit der zweiten Weichbodenmatte zugeklappt. Zum Schluss dürfen noch einige Kinder als Käsebelag oben drauf (Wichtig: die Kinder liegen darauf, sie dürfen nicht laufen!). Ruft ein Kind „Stopp!“, müssen alle anderen dafür sorgen, dass dieses Kind möglichst schnell aus dem Sandwich herauskommt.

3. Die Rüttelbank:
Jeweils 4 – 5 Kinder knien auf einer Gymnastikmatte (Schulter an Schulter und Hüfte an Hüfte). Die Erzieherin legt ein weiteres Kind mit dem Rücken auf diese „Kinderbank“. Auf ein Kommando hin bewegen die knienden Kinder ihre Hüften so, dass das obenliegende Kind durchgerüttelt wird, aber nicht herunterfällt!

4. Der Menschentunnel:
Vier Gymnastikmatten werden hintereinandergelegt. Die Kinder knien sich auf Händen und Knien dicht nebeneinander (Schulter an Schulter und Hüfte an Hüfte). Das erste Kind steigt nun vorsichtig auf die Brücke und krabbelt über die Kinder hinweg. Auf der anderen Seite angekommen, steigt es ab und kriecht durch den Tunnel zurück an seinen Platz. Nun ist das nächste Kind an der Reihe.

Dann geht die Reise in das „Lustige Land“, wo jede Menge lustiger Spiele warten. Um dorthin zu gelangen, brauchen wir das Spaßkatapult:

1. Das Spaßkatapult:
Drei Gymnastikmatten liegen hintereinander. Ein Kind liegt am Anfang der Matten auf dem Rücken und winkelt die Beine an. Ein anderes Kind setzt sich, mit dem Rücken zu ihm, auf die Füße dieses Kindes. Es sollte sich etwas nach vorn beugen und die Arme nach vorn nehmen, um sich bei der Landung abzustützen. Das liegende Kind versucht nun, das andere Kind möglichst weit weg zu katapultieren, in das „Lustige Land“ hinein. Auf diese Weise werden nun alle Kinder in das Land katapultiert.

Spielekette „Im Land der Gefühle“ (2) (ab 4 Jahren)

2. Grimassen schneiden:
Ein Kind wird als „Grimassen-Schneider“ ausgewählt. Zur Musik tanzen alle Kinder durch die Halle. Bei Musikstopp bleiben alle stehen und machen ein „ernstes“ Gesicht. Der „Grimassen-Schneider“ geht umher und versucht, die Kinder zum Lachen zu bringen, ohne diese zu berühren. Wer lacht, wird auch zum Grimassen-Schneider. Nun wird gemeinsam versucht, alle Kinder zum Lachen zu bringen.

3. Der fröhliche Schlangentanz:
Alle Kinder stehen hintereinander und fassen sich an die Hüften. Zur Musik geht die Schlange los, wobei sie sich spiralförmig einrollt. Wenn es so eng ist, dass es nicht mehr weitergeht, versucht der Schlangenkopf einen Ausweg zu finden, indem er durch die Schlange hindurchkriecht und versucht, die anderen hinter sich herzuziehen.

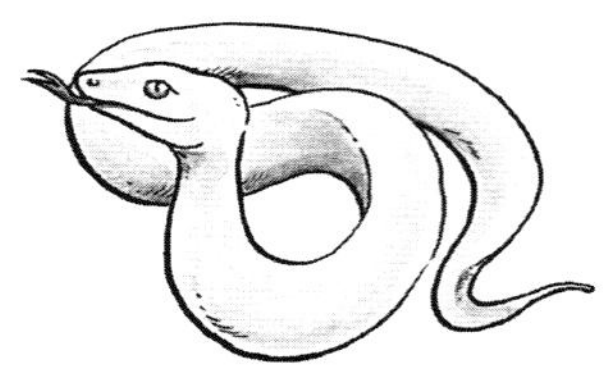

4. Die lustigen Flöhe:
Mit Kreppklebeband wird ein Spielfeld eingegrenzt. Ein Kind wird als Oberfloh ausgewählt. Nun hüpfen alle Kinder durch das Flohfeld und versuchen, dem Oberfloh auszuweichen. Wurde ein Floh vom Oberfloh berührt, hüpfen sie gemeinsam, indem sie sich aneinander festhalten (z. B. an den Händen halten). Zum Schluss kleben alle Flöhe aneinander und hüpfen gemeinsam. (Das Spielfeld sollte nicht allzu groß sein!)

Als Nächstes führt uns unsere Reise in das „Wutland“. Um hierher zu gelangen, müssen wir uns durch die wütende Gletscherspalte kämpfen:

1. Die wütende Gletscherspalte:
Zwei Weichbodenmatten werden hochkant aneinandergestellt (mit den weichen Seiten zueinander). Dabei sollte eine Matte mit der rauen Seite an der Wand stehen, die andere Matte wird von den Kindern und der Erzieherin festgehalten. Ein Kind versucht nun, sich durch die Matten hindurchzuzwängen, was die anderen Kinder ggf. erschweren, indem sie von der Seite etwas (nicht zu viel!) dagegendrücken. Auf diese Weise kämpfen sich nun alle Kinder ins Wutland.

2. Dagegen:
Jeweils zwei Kinder stellen sich voreinander auf. Die Beine sind in leicht gegrätschter Stellung und dürfen weder angehoben noch versetzt werden. Die Kinder legen ihre Handflächen gegeneinander und auf ein Kommando hin versuchen sie, sich durch Drücken oder plötzliches Nachgeben aus dem Gleichgewicht zu bringen. Wer zuerst seinen Fuß anhebt oder versetzt, der hat verloren.

3. Gefangen:
Jeweils zwei Kinder befinden sich auf einer Gymnastikmatte. Ein Kind kniet auf Händen und Knien, das andere Kind versucht, unter ihm hindurchzurobben. Dabei versucht das kniende Kind, das andere zu fangen, indem es sich fallen lässt und das andere Kind „einklemmt“. Vorsicht: Nicht zu stark fallenlassen! Das eingeklemmte Kind versucht nun, sich zu befreien.

4. Umgestoßen!:
Jeweils zwei Kinder befinden sich auf einer Gymnastikmatte. Ein Kind kniet auf Händen und Knien, wobei die Hände auch weiter nach außen aufgesetzt werden dürfen, damit das Kind eine stabile Position erhält. Das andere Kind kniet sich nun daneben und versucht, das Kind umzuschubsen. Erlaubt ist das Ziehen und Drücken an Schulter und Hüfte.

Spielekette „Im Land der Gefühle“ (3) (ab 4 Jahren)

Zum Schluss geht es jetzt ins „Wohlfühlland“. Um hierher zu gelangen, muss man durch die Massagestraße fahren:

1. Massagestraße:
Zwei Langbänke werden nebeneinandergestellt, sodass ein Rollbrett bequem zwischen ihnen hindurchfahren kann. Die Kinder setzen sich so auf die Bänke, dass sich immer zwei Kinder gegenübersitzen. Jedes Kind bekommt nun etwas zum Massieren, wobei die Kinder, die sich gegenübersitzen, jeweils das Gleiche bekommen. Je nach vorhandenem Material können natürlich auch die Hände genommen werden, die auf unterschiedliche Weise massieren.
Die ersten beiden Kinder auf den Bänken dürfen beginnen. Sie bekommen jeder ein Rollbrett und dürfen durch die Massagestraße langsam hindurchrollen. Dabei sollte das zweite Kind erst dann losfahren, wenn das erste fast am Ende angekommen ist, damit jeder sein Tempo selbst bestimmen kann. Die Kinder auf den Bänken massieren die Kinder auf den Rollbrettern. Es ist natürlich auch erlaubt, den massierenden Kindern zu sagen, ob sie fester oder sanfter massieren sollen. Sind beide Kinder hindurchgefahren, nehmen sie wieder ihre Plätze ein und die nächsten beiden fahren durch die Straße.

2. Windspiele:
Die Kinder stellen sich um ein Schwungtuch herum. Die eine Hälfte der Gruppe darf sich unter das Schwungtuch legen, die andere schwingt das Tuch mal sanft und mal schnell auf und ab. Danach wird natürlich getauscht.

3. Rückenmalerei:
Die Kinder setzen sich in einen engen Kreis und drehen sich so, dass sie jeweils den Rücken des Vordermannes vor sich haben. Die Erzieherin beginnt und malt eine leichte Form (Kreis, Strich o. Ä.) auf den Rücken des Kindes vor sich. Wenn sie fertig ist, malt dieses Kind die erfühlte Form wiederum auf den Rücken des Vordermannes, bis diese einmal im Kreis herumgegangen ist. Ist dieselbe Form auch wieder angekommen? Bei älteren oder geübteren Kindern können die Formen natürlich auch erschwert werden und zum Beispiel Zahlen dazugenommen werden.

4. Der Rückweg:
Alle Kinder legen sich im Raum verteilt auf den Boden. Die Erzieherin erzählt den Kindern, dass sie jetzt mit ihrem Zauberstab (z. B. ein Tuch) umhergeht und die Kinder, sobald sie davon berührt werden, aus dem Land der Gefühle zurück in den Kindergarten reisen. Wer berührt wurde, darf so leise wie möglich aufstehen und sich an die Seite setzen. Alle Kinder dürfen nun die Augen schließen und die Erzieherin wartet, bis diese zur Ruhe gekommen sind. Dann geht sie herum und holt nach und nach alle Kinder aus dem Land der Gefühle zurück in den Kindergarten.

Spiele mit dem Mimikwürfel

Material:
Mimikwürfel (Vorlage s. S. 16, für die letzten beiden Spiele benötigt jedes Kind einen Mimikwürfel)

Vorbereitung:
Der Mimikwürfel wird kopiert, evtl. angemalt und zusammengeklebt (s. auch die Anleitung auf S. 15).

Spielmöglichkeiten:

Pantomime (ab 3 Jahren):
Alle Kinder sitzen im Kreis. Ein Kind geht mit dem Würfel aus dem Kreis heraus und würfelt an einer Stelle, die für die anderen Kinder nicht einsehbar ist (z. B. hinter einem Schrank). Dann stellt es sich im Kreis an seinen Platz und stellt pantomimisch das abgebildete Gefühl dar.
Die anderen Kinder sollen erraten, um welches Gefühl es sich handelt. Wer als Erster das Gefühl erraten konnte, ist als Nächster an der Reihe.

Variante (ab 4 Jahren):
Zwei bis drei Kinder gehen mit einer Erzieherin hinaus. Dort gibt sie den Kindern eine Spielsituation vor. Im Kreis spielen die Kinder diese Situation nach. Die anderen Kinder haben dann die Aufgabe zu beschreiben, was für eine Situation gespielt wurde und wie sich die jeweiligen Kinder in dem Moment wohl gefühlt haben.

Beispiele für solche Spielsituationen:
1. Zwei Kinder streiten miteinander um ein Spielzeug, dabei reißt einer es dem anderen aus der Hand und läuft weg.
2. Eine Mutter bringt ihr Kind zum Kindergarten. Es weint und die Mutter geht.
3. Ein Kind schenkt dem anderen Kind ein Bild.
4. Zwei Kinder spielen miteinander, ein anderes sitzt daneben und möchte mitspielen, die beiden lassen es aber nicht mitmachen.
5. Zwei Kinder bauen einen Turm und freuen sich, als dieser fertig ist.

Variante (ab 4 Jahren):
Das Kind, das an der Reihe ist, denkt sich ein Tier aus, das es pantomimisch darstellen will. Gleichzeitig soll das Tier auch ein Gefühl zeigen, zum Beispiel ein hungriger Löwe, ein erschrockenes Pferd, ein wütender Bär, ein fröhlicher Affe. Die anderen Kinder sollen das Tier und das dazugehörende Gefühl erraten.

Mimikchaos (ab 3 Jahren, für 4 – 6 Kinder):
Alle Kinder, bis auf eines, sitzen mit einem Mimikwürfel im Kreis. Das Kind ohne Würfel geht vor die Tür und wartet dort. Die anderen würfeln und stellen an ihrem Platz das jeweilige Gefühl dar. Die Erzieherin bittet nun das wartende Kind wieder hinein. Dieses hat jetzt die Aufgabe, die einzelnen Mimikwürfel den passenden Gesichtern zuzuordnen.

Ich finde dich (ab 4 Jahren):
Die Kinder stehen, mit ihren Mimikwürfeln in der Hand, im Raum verteilt. Auf ein Zeichen hin würfeln alle Kinder und beobachten, welches Gesicht oben liegt. Dann machen alle Kinder das jeweilige Gesicht und laufen dabei im Raum umher. Treffen sich zwei gleiche Gesichter, tun sich diese zusammen und bleiben stehen.

BVK • Jenny Hütter: Kita aktiv „Meine Gefühle – deine Gefühle“

Spiele zum Thema „Gefühle erkennen und nachspielen“

Spiegelpantomime (ab 3 Jahren):

Material:
keins

Spielregeln:
Jeweils zwei Kinder stellen sich voreinander auf. Eines der Kinder stellt pantomimisch ein Gefühl dar. Das andere Kind soll dieses imitieren, wie in einem Spiegel. Anschließend soll das Kind dieses Gefühl noch benennen. Danach werden die Rollen getauscht.

Stille Post (ab 4 Jahren):

Material:
Pappe (DIN A4)

Spielregeln:
Die Kinder sitzen im Kreis. Ein Kind überlegt sich einen Gesichtsausdruck, zum Beispiel ein fröhliches Gesicht.
Es schaut seinen Nachbarn an und hält die Pappe dabei so, dass die anderen im Kreis seinen Gesichtsausdruck nicht erkennen können. Nun wird die Pappe an den Nachbarn weitergegeben, der wiederum denselben Gesichtsausdruck seinem nächsten Nachbarn zeigt. Zum Schluss zeigt das erste Kind allen anderen noch einmal seinen Gesichtsausdruck. Kam derselbe Gesichtsausdruck wieder an oder ein anderer?

Mein rechter, rechter Platz ist frei (ab 2 Jahren):

Material:
evtl. Bänder oder Wolle

Spielregeln:
Die Kinder sitzen in einem Stuhlkreis, dabei sollte ein freier Stuhl vorhanden sein. Bei jüngeren Kindern empfiehlt es sich, bei diesem Spiel den rechten Arm zu kennzeichnen. Dafür kann man den Kindern ein Band oder ein Stück Wolle an den rechten Arm knoten.
Gemeinsam wird überlegt, welches Kind an seiner rechten Seite einen freien Platz hat. Dieses Kind beginnt nun, indem es auf den freien Platz klopft und dabei sagt:
„Mein rechter, rechter Platz ist frei, ich wünsche mir den/die … *(Gefühl einsetzen)* … *(Name eines Kindes einsetzen)* herbei!“
Dieses Kind kommt nun auf den freien Platz und ahmt dabei das entsprechende Gefühl nach.

Hast du den wütenden Charlie gesehen? (ab 3 Jahren)

Material:
keins

Spielregeln:
Die Kinder stehen im Kreis. Eines betritt die Mitte, geht zu einem Kind und fragt es: „Hast du den wütenden Charlie gesehen?“ Das Kind hat nun die Möglichkeit, mit „Ja“ oder „Nein“ zu antworten.
Bei einem „Nein“ geht das Kind aus der Mitte zu jemand anderem weiter. Bei einem „Ja“ fragt das Kind aus der Mitte: „Und was hat der wütende Charlie gemacht?“ Das gefragte Kind antwortet mit: „Er hat so gemacht …“ und stellt pantomimisch den wütenden Charlie dar. Dabei darf das Kind natürlich auch einmal „wütend“ durch den Kreis laufen und fest aufstampfen.
Als Nächstes ist dieses Kind an der Reihe und darf zu einem anderen Kind im Kreis gehen und fragen: „Hast du den wütenden Charlie gesehen?“ Das Kind, das zuvor fragen durfte, stellt sich an den nun freien Platz im Kreis.

Natürlich dürfen bei diesem Spiel auch andere Gefühle mit einbezogen werden („Hast du den traurigen, fröhlichen, albernen … Charlie gesehen?“).

Lachsäcke (ab 3 Jahren)

Material:
2 Bettbezüge, 4 Pylonen

Spielvorbereitung:
Mit den Pylonen wird jeweils eine gleich lange Strecke (nebeneinander) markiert. Besonderen Spaß macht es, wenn man die Möglichkeit hat, dieses Spiel draußen auf leicht abflachendem Gelände zu spielen.

Spielregeln:
Zwei Kinder kriechen in je einen Bettbezug und legen sich neben den ersten Pylon. Auf ein vorher vereinbartes Kommando geht es los. Es wird seitlich gerollt, dabei die Beine und Arme lang ausstrecken.
Gewonnen hat:
1. Wer dabei am lautesten lacht.
2. Wer als Erster beim zweiten Pylon angekommen ist.
Bei diesem Spiel kann es durchaus zwei Sieger geben.

Hinweis:
Ganz mutige Kinder können auch zu zweit in einen Bettbezug gehen. Dabei legen sie sich aufeinander und umschlingen sich mit den Armen.

Eine Erzieherin sollte bei beiden Möglichkeiten dabei sein, um den Kindern bei Bedarf aus dem Sack herauszuhelfen.

BVK • Jenny Hütter: Kita aktiv „Meine Gefühle – deine Gefühle“